邪惡

關於惡的本質與思辨

A
Very Short
Introduction

Evil

LUKE RUSSELL

路克・羅素
著

張簡守展
譯

目錄

第一章

邪惡的哲學難題

世上有所謂的「邪惡」（evil）嗎？回答這個問題前，我們必須先瞭解「惡」的意思。聽到這個字，你會想到什麼？出於刻板印象而直接聯想到電影或文學作品中的反派，例如《哈利波特》中的佛地魔、《冰與火之歌》中的拉姆斯・波頓（Ramsay Bolton），或是《星際大戰》中的皇帝，總之就是主動企圖摧毀他人、樂於為眾生帶來苦難，在腦海中策劃惡行時還會忍不住笑出聲音？或許你想到超級英雄，普羅大眾呼叫他們前來施展超能力，保護良善的一方而非惡勢力。也許你的腦海中浮現 Google 以前的企業準則：不作惡（Don't be evil）。在這些情境下使用「惡」一字時，我們似乎沉溺在帶有打鬧意味的誇張渲染中。惡使人害怕，具有負面意涵，但這樣的害怕情緒和負面意義過於誇大，使惡的形象超乎現實，甚至顯得荒謬。從這個意義來看，惡簡直就快變成滑稽的同義詞。《王牌大賤諜》（*Austen Powers*）系列電影中的邪惡博士就打破了我們對惡既有的刻板印象。對這樣的惡感到畏懼實在愚昧，近乎幼稚。如果要聚焦於諸如此類的例子，在關於道德的嚴肅思考中，大概沒有空間容得下「惡」這個概念。

對某些人而言，「惡」具有另一套不同的意涵。比起從虛構作品出發，有一派人完全從宗教的角度切入。舉例來說，基督教就時常提及惡。亞當和夏娃在伊甸園吃了禁果，瞭解了何謂善惡。基督徒藉主禱文（Lord's Prayer）祈求上帝拯救我們脫離惡。多瑪斯．阿奎納（Thomas Aquinas）說要行善避惡。在這裡，惡只是善的反面。基督教對於惡還有另一種較為激進（有人認為是古怪）的概念。福音書不斷提到撒旦，這個代表惡的超自然鬼怪會引發疾病並入侵人心，使人滿身罪惡。《啟示錄》（Book of Revelation）賦予撒旦巨龍的形象，描述撒旦和上帝在宇宙中打鬥。對不相信世上有上帝或惡靈的人來說，超自然主義者對惡的認知似乎不脫幻想本質，與《哈利波特》和《星際大戰》描繪的形象相去不遠。此外，深信這種超自然惡勢力存在於世界上，本身似乎就是一種暗藏危險的行為。十七世紀駭人聽聞的女巫審判不該為世人所遺忘，數千條無辜生命備受折磨，消逝於熊熊大火之中，全因為當時人們對惡靈和魔鬼附身的錯誤信仰。現代政客操弄惡毒語言，有些人控訴他們的言論將對手妖魔化、煽動群眾的憤怒情緒、鼓動毫無節制的破壞，都是在推波助瀾，營造與審判女巫類似的道德氣氛。有些哲學家深入調查這種狀況，指出我們應該對惡存在與否抱持懷疑的態度。惡似乎已是過時而且危險的概念。

但有了這些例子為基礎，我們是否就該驟下結論，斷定惡並不真實存在？哲學家路德維希．維根斯坦（Ludwig Wittgenstein）指出，罹患哲學病的常見原因是「偏重單一來源的飲食，亦即只從單一種類的例子汲取思想的養分」。想想以下類比：如果你想瞭解政治的本質，但只一心關注西方的自由民主，必定無法掌握君主制、共產國家、獨裁政體等體制截然不同的特色。同樣地，要是你想一窺音樂的全貌，全心投入重金屬而忽視古典交響樂、非洲鼓、爵士等音樂，一樣是以偏概全。研究哲學時，思考各種不同的案例最能獲取知識。想要明瞭惡的本質，但只從奇幻、科幻和宗教文本找答案，就是陷入單一來源飲食的窘境。與其如此自我設限，我們也應搜羅真實世界中一般人傾向如何使用「惡」一字的廣泛情境。可惜這項任務晦暗嚴峻，容易引發厭惡與絕望等負面感受。想要清楚思考人類歷史中最糟糕的道德踰越（moral transgression）並非易事。然而，若要釐清惡的真正意義，確認是否真有所謂的惡，這項苦差事必然無可迴避。思考了這些例子之後，有些人或許仍會一口咬定世上沒有惡。真相可能是，相信惡確實存在的一方深陷迷亂狀態、誇大其詞，或誤將事實上並不存在的現象投射到這個世界。我們不該預設立場，倉促下判斷。我們得先把一般人對惡的說法和觀點記錄下來，再進一步探討他們的主張和信念是否正確。

廣泛調查一般人以惡形容事物的各種案例時，我們發現蠻令人驚訝的現象。有時，我們根本把「惡」當成「壞」（bad）的同義詞使用，在這種情況下，惡不必具備任何極端的內涵。就像可能會有瑣碎、無傷大雅的壞事，當然也就可能有小奸小惡。假設你必須在兩個糟糕的選項中擇一而感到左右為難，最後做決定時，你可能會解釋自己只不過是兩害相權取其輕。此時你並未暗示兩個選項都很極端，令人心生畏懼，只是要表達從兩個爛蘋果中挑選比較不爛的那一個。將「惡」單純視為「壞」的同義詞使用時，這個字可適用於應該受到譴責的悖德行為，例如惡意襲擊，不過也能應用於不違反道德標準的壞事，包括踢到桌腳的劇烈疼痛。查閱《牛津英語詞典》（Oxford English Dictionary）所記載的字源，可看到「惡」一字源自古英文的「yfel」，意指「過度」或「超過」，而且幾個世紀下來，這個字在使用上時常隱含「壞」、「麻煩」和「痛苦」等意思。

如今，如果「惡」只能用來形容不好的事物，例如美食評論家對餐廳留下負評，可能會說餐點的水準粗糙惡劣，如此侷限的用法對我們來說可能會有點奇怪。儘管如此，能在某些語境中找到這種以「惡」指「壞」的老派用法，也是不爭的事實。只要接觸過哲學家和神學家所稱的「惡的問題」（Problem of Evil），必定對這種用法不陌生。有神論者相信世界是由全能、全知、全善的上帝所創造，而「惡的問題」的出現，正是對此信念的一大挑戰。如果神愛世人千真萬確，上帝理應創造一個充滿美好事物的世界，每個人都快樂無憂地過著日子。但環顧四周，我們無法不注意到世界上不勝枚舉的壞事。許多苦難都是人類不當的行為所造成，我們可能還會自認罪有應得，而非上帝犯了錯。尤有甚者，諸如癌症、關節炎、肺結核等各種疾病為人類帶來眾多原本不應承受的苦難。地震、海嘯、洪水等天災奪走無數無辜人民的生命。有些嬰兒來不及長大就在痛苦中死亡，他們的父母從此活在悲傷之中。動物界同樣充滿苦難，受傷、掠食和飢餓有如家常便飯。所謂「惡的問題」，其實就是在相信仁慈、全能的上帝之時，體認世界上充斥著許多壞事，而在這種語境下，我們通常會說這世界充滿了惡。「惡的問題」其實就是如何在信念和現實之間妥協及和解的問題。許多人覺得「惡的問題」是我們信仰無神論的充分理由。根據這一派論述的說法，本就不該存在的苦難隨處可見，強而有力地證明了世界「並非」全能、全知、全善的上帝所創。有神論者則試圖解釋何以慈悲的上帝會創造出充斥諸多壞事的世界，回應質疑。

本書的目的不在於回答神學上的「惡的問題」，也不是要盡可能廣泛地網羅「惡」這個字意指「壞」的時候的所有用法。我的目標不是探討那些無涉道德的壞事（例如牙痛和骨折），也不是道德上有瑕疵但微不足道的小奸小惡。我想專注探討那些不只壞，而且「邪惡」的事，也就是有違道德或不當、有點極端的面向。我認為這才是哲學家、歷史學家、心理學家和記者爭辯邪惡是否存在時，所應探究的方向。顯然，我們必須從邪惡的極端和道德角度，更進一步說明某事很邪惡的明確意義。我想我們可以回過頭來思考，一般人可能會說哪些事物不僅壞，還很邪惡，藉此更瞭解邪惡的內涵。不過這次要記住，對於是否真有什麼事情是邪惡的，目前這個較極端的面向已引發熱烈爭論。從哲學的角度分析邪惡概念時，勢必要能理解一個事實：有些聰明、見多識廣的人認為邪惡是真實現象，有人則認為邪惡是種迷思或危險的幻想。想要識別所涉及的邪惡概念，我們應先聚焦於有爭議的例子，加以探討。一一檢視這些例子時，建議你試著保持開放的心態。與其妄下定論，不如放慢腳步，慢慢梳理你的思緒。想想這些案例的相似之處，看能否發現任何有趣的差別。問問自己，有沒有哪些案例的道德缺陷更嚴重，還是哪些案例具有相同的鮮明特徵，使其顯得特別糟糕。

首先探討恐怖主義，這或許是真實世界中最常與邪惡畫上等號的例子。發生於紐約世貿中心的九一一恐怖攻擊事件無人不曉，共謀者受到對美國懷有敵意的政治思想所煽動，在劫持客機後使其撞上辦公大樓，奪走數千條無辜的生命。那些飛機撞向高樓大廈、煙塵翻騰的影像，以及無數屍體從空中掉落，工人驚慌逃離現場的畫面，任誰都無法遺忘。如果有任何出於政治意圖的行動稱得上驚天駭地，一定就是在形容這起事件。這些恐怖分子的行為絕非一般的日常過錯。對許多飽受驚嚇的目擊者來說，這是另一種級別的不當行為。無庸置疑，九一一事件引來極度猛烈的道德譴責，其中不乏有人選擇使用惡毒的言語，嚴厲指責。小布希總統在二〇〇二年的國情咨文中宣告，「邪惡真實存在，必須受到反制。」除了九一一，他也形容伊朗、伊拉克和北韓等國家是「邪惡軸心」（axis of evil）。美國遭受攻擊後，小布希經常提及邪惡一詞的言論在當時即備受爭議，即使時至今日還是如此。部分原因無疑在於，小布希的批評者普遍認為，他本身除了展現簡化思考的傾向，也是頑固的虔誠保守派人士和危險的鷹派總統。小布希後來對恐怖主義國家宣戰，反對者對他在言談中使用邪惡一詞，通常明確表現出不以為然，因為他們認為這類言語所傳達的思維，正是促使他決議入侵伊拉克和阿富汗的主因。在政治光譜的另一端，支持總統對恐怖主義宣戰的人民為小布希鼓掌，讚賞他用最強烈的字眼譴責恐怖分子，並清楚表達毫無模糊空間的道德立場。

小布希對九一一事件的表態掀起爭議，使哲學界再度興起研究「邪惡」這個主題的浪潮。暫且不論小布希後續的國政決策，哲學家要我們回答幾個與九一一事件相關的基本道德問題。恐怖主義者是否在事發當天做出邪惡之舉？恐怖主義者是不是邪惡之人？如果你給這兩個問題的答案都是否定的，可能的原因之一就是你相信所謂恐怖行動在道德上根本並未犯錯，更遑論邪惡。

如果我們接納這種想法，或許就能得到以下結論：某些人眼中的恐怖分子，是其他人心中的自由鬥士，而且是非對錯並非客觀事實。如果沒有什麼事情是違反道德，譴責九一一事件是邪惡行動便失去意義。另一種支持恐怖行動並沒錯的說法，是宣稱美國公民遭受攻擊和殺害是罪有應得，這些後果都是道德腐敗的美國外交政策所導致。當然，這些說法本身就具有高度爭議。許多人認為發動九一一事件的恐怖分子大規模屠殺了無辜的平民，客觀而言，這起行動清清楚楚犯了道德上的錯誤。下文即將聚焦於哲學家的質疑聲浪，他們認同九一一恐怖主義行動顯然是客觀的錯誤行為，但主張恐怖分子並未為惡。本書後續章節中，我們會更詳細地探討為何這些哲學家對邪惡抱持懷疑立場，以及為何其他人並不贊同。我們暫且先謹記九一一事件是個飽受爭議的重要實例即可。

恐怖主義不僅是經過精心策劃的陰謀，規模也比較小。想想二〇一五年迪倫・魯夫（Dylann Roof）在南卡羅來納查爾斯頓（Charleston）對教堂信徒發動的恐怖攻擊。奉行白人至上主義的魯夫為了煽動黑人和美國白人之間的種族戰爭，而刻意混入以馬內利非裔衞理公會教堂（Emanuel African Methodist Episcopal Church）參加查經禱告會，出於政治意圖及對受害者的仇恨，預謀於教堂發動攻擊。他殺害九名無辜的教友，朝蜷縮在地上的他們近距離開槍。魯夫獨自一人犯下這起槍擊案，但如同九一一事件的恐怖分子，犯案背後的動機都是個人的意識型態。他誤信自己的行動是正義之舉，渴望廣為宣傳自己的理念。隨著被害者一一倒臥在地，魯夫告訴其中一名教友，他會放她一條生路，好讓她向全世界陳述事發經過，以及他這麼做的理由。這個案件也不是一般的犯錯。許多人用邪惡一詞形容魯夫那天的作為，嚴厲譴責。這起攻擊的生還者費莉西亞·珊德絲（Felicia Sanders）表示，教友那天還很歡迎魯夫參加讀經，而在開槍之前，他「只是一直坐在那裡，邪惡到不可思議」。

魯夫的犯行呼應挪威恐怖分子安德斯·貝林·布列維克（Anders Behring Breivik）在二〇一一年的大規模屠殺案，他引發炸彈造成九人死亡，接著跑到烏托亞島（Utoya）跟蹤並殺害了夏令營的六十九名孩童。布列維克表示，他策劃並執行這起屠殺，是因為他想吸引世人關注他反左派、反伊斯蘭的主張。他和魯夫一樣，自始至終都相當自負，自以為是。有些評論家（還有布列維克的辯護律師）宣稱他精神失常，因此未能對自己的行為負起全部責任。挪威情報局長珍娜·克里斯蒂安森（Janne Kristiansen）不同意這個觀點，她表示布列維克是邪惡，不是發瘋。

除了魯夫和布列維克之外，全世界還有許許多多恐怖分子抱持各自喜歡的理由犯下暴行。二〇一九年，國家一神教團（National Thowheeth Jama'ath）恐怖組織成員選擇於復活節在斯里蘭卡的教堂和飯店放置炸彈，奪走兩百五十九條人命。同一年，布蘭頓・塔倫（Brenton Tarrant）在網路上直播他到紐西蘭清真寺持槍掃射的過程。還有自殺炸彈客薩勒曼・拉瑪丹・阿貝迪（Salman Ramadan Abedi），他在二〇一七年曼徹斯特體育館的一場演唱會結束後引爆炸彈，造成二十二人罹難。二〇一五年，布魯塞爾 ISIL 恐怖小組成員在巴黎掃射路人，還有許多受害者命喪巴塔克蘭劇院（Bataclan Theatre），一百三十人失去生命。二〇〇八年，虔誠軍（Lashkar-e-Taiba）的十名成員在孟買發動恐怖攻擊，至少一百六十四名無辜受害者罹難。最後當然不能漏掉全世界最致命的恐怖組織，過去十年內，奈及利亞的博科聖地（Boko Haram）殺害了數以萬計的老百姓。

這些都不是卡通中的反派。他們不是幻想故事中的虛構角色，而是活生生的普通人。

這些恐怖分子都是邪惡之人嗎？小布希總統肯定認為他們是，而且值得注意的是，這種看法超越政治立場，不分黨派，例如歐巴馬總統就深表同意。歐巴馬在二〇一四年的聯合國演說中提及ISIL，直言「面對這個邪惡組織，沒有論理的必要，毫無談判的空間。」川普總統直指恐怖分子是「邪惡的失敗者」（evil loser）。英國首相布萊爾回應二〇〇五年的倫敦爆炸案時，呼籲英國人對抗恐怖分子的「邪惡意識型態」；一年後，首相卡麥隆也號召國人共同抵抗「邪惡的恐怖威脅」。這些政治人物在談及恐怖主義時紛紛動用邪惡一詞，你認為他們想傳達什麼意思？你認同他們對恐怖行動如此強而有力地譴責，還是你覺得他們不該這麼做？如果你認為，使用邪惡一詞譴責恐怖分子的行為並不妥當，那麼，這麼做的本質為何？

對恐怖主義的討論暫且打住，接著我們談談另一種備受爭議的例子：連續殺人犯。現實世界中同樣充斥著大量的實際案例。連續殺人犯或許比恐怖分子更令人不安，因為他們殺人的目的不是為了達成什麼政治意圖，而是為了享受殺人帶來的快感。對這類案件的描述或許看似沒有必要，但為了從道德角度衡量，我們必須留意某些細節。許多連續殺人犯都是先軟禁及凌虐受害者好幾個小時甚至幾天，才將其殺害，就像自稱BTK（綁、虐、殺）的殺人犯丹尼斯・雷德（Dennis Rader）以及弗雷德・韋斯特（Fred West）和羅絲瑪莉・韋斯特（Rosemary West）夫婦一樣。許多連續殺人犯在性侵被害人的過程中痛下毒手，結束他們的生命。泰德・邦迪（Ted Bundy）、約翰・韋恩・蓋西（John Wayne Gacy）和「漢諾威屠夫」弗里茨・哈曼（Fritz Haarmann）的殺人動機都是由性而起，其中哈曼喜歡咬破被害人的喉嚨，他用這種手法殺害了至少二十四個人。有些具有虐待傾向的殺人犯特別鎖定未成年的孩子下手，例如一九六〇年代的伊恩・布雷迪（Ian Brady）和米拉・韓德麗（Myra Hindley）就在曼徹斯特和鄰近地區性侵並殺害了至少五名孩童，再把遺體帶到荒野掩埋。大部分連續殺人犯行事低調，不過也有一些人寄譏諷的信向警方挑釁，極力追求惡名，包括之前丹尼斯・雷德、「山姆之子」大衛・伯克維茲（David Berkowitz），以及華盛頓特區狙擊手攻擊事件（Beltway Snipers）的主謀。許多連續殺人犯都擁有桀驁不馴的人格特質，年復一年地不斷犯下暴行，即使警方顯然已在逐步逼進，他們依然不罷手。

深入探究連續殺人案的細節確實令人反感。許多犯罪案件的情節重大，不僅令人作嘔，更使人疑惑，難以想像，甚至無法理解。因此，比起出於政治意圖而行凶的恐怖分子，一般人比較可能認為連續殺人犯的精神狀態有問題，而非邪惡。這個想法值得仔細研究。舉例而言，如果殺人犯的精神異常，這能成為他不受責難的藉口嗎？精神病患很危險，但無法為所作所為負起道德責任，因此不算邪惡？簡單的回答是：太快下結論！精神疾病的種類廣泛，特定精神疾病的分類又模糊不明，令人困擾。雖然如此，大多數精神病患者仍需為自身的行為承擔法律和道德責任。此外，儘管心理變態的連續殺人犯通常在同理心和推論能力方面顯現某些精神缺陷，但把他們與不清楚自己做了什麼的無知蠢蛋畫上等號，也是言過其實。許多連續殺人犯在事前縝密規劃犯案過程，他們清楚瞭解自己即將傷害他人，也在事後謹慎地掩蓋犯行，以免東窗事發。連續殺人犯或許「病」得不輕，但這不代表他們情有可原。事實上，記者等人時常使用「邪惡」來形容連續殺人犯和他們的行為。邦迪的律師波莉．尼爾森（Polly Nelson）指出，他「為邪惡無情下了最佳定義」。媒體幫韓德麗貼上「英國最邪惡的女人」的標籤。這些連續殺人犯與其駭人且似乎令人無法理解的行為是否就是最核心的邪惡案例？抑或我們以邪惡一詞描述他們，只是沉浸於某種不切實際的幻想之中？

就犯行情節來看，有虐待傾向的連續殺人犯或許是我們最熟悉、但也最令人厭惡的案例，但單純就人數規模而論，發動戰爭的獨裁者也不遑多讓，他們掌握軍隊和國家機器，將其變成大屠殺的武器。在這公開辯論日益兩極化的時代，高德溫法則（Godwin's law）受到諸多關注。此法則的原始定義為，「隨著網路上的討論拉長，以希特勒來類比意見相左者的機率趨近於一」，但後來此法則更常扭曲成以下形式：不論爭辯的主題為何，首先提起希特勒的人就等於輸了。能言善辯者渴望追求「贏了！」的暢快瞬間，或許很樂於將此說法奉為圭臬，但此法則其實禁不起嚴格檢驗。反覆論證邪惡這個主題時，不提到希特勒才是理智上不負責任的表現。

「邪惡」一詞時常用來形容納粹的種種暴行。希特勒的軍事擴張可說是第二次世界大戰的直接導火線，約有六千萬人（全球人口的百分之三）喪命。希特勒帶來的毀滅和苦難規模龐大，連殺害最多人的連續殺人犯都相形失色。發生於第二次世界大戰的所有事件中，納粹大屠殺是最為人關注的邪惡暴行。原本與德國人、波蘭人和匈牙利人為鄰和平共處的猶太人，反遭系統性地剝奪財產、送往猶太人集中區，而後使用運輸牲畜的車廂，透過鐵路系統一批批載到集中營，在那裡，猶太人不是過勞而死，就是慘遭毒氣終結性命。既冷血又工業化的種族滅絕。一張張當時拍下的照片中，削瘦的遺體在納粹火葬場外堆積如山，一再顯示這是令人恐懼的事實，並非童話或奇幻故事。集中營中發生的事、多到不可計數的謀殺事件，都是違背道德的錯誤行為，但這種說法似乎過於輕描淡寫。不只大錯特錯，更是邪惡，某些生還者和曾透過文字探討納粹大屠殺的學者都如此表示。希姆萊（Himmler）、艾希曼（Eichmann）等政治和軍事領袖配合希特勒迫害猶太人，共同譜寫出這人類歷史中最可恥的章節。這些人不只道德淪喪，說是邪惡都不為過。

雖然把納粹大屠殺視為邪惡案例看似相對沒有爭議，但當我們開始從道德的角度切入，評價參與納粹迫害的當事人時，就會發現這一切其實錯綜複雜。對於加入納粹特別行動隊（Einsatzgruppen，亦即納粹屠殺小隊）的「德國百姓」是否懷抱反猶太仇恨思想，還是對被害者毫無惡意，只是單純聽命行事而已，歷史學家克里斯多福·布朗寧（Christopher Browning）和丹尼爾·戈德哈根（Daniel Goldhagen）抱持不同的看法。無獨有偶，在這之前，漢娜·鄂蘭（Hannah Arendt）聲稱戰爭罪犯阿道夫·艾希曼（Adolf Eichmann）本人並無虐待傾向，也不是反猶太人的惡魔，只是欠缺周密的思考能力但又想在工作上有良好表現的人。這番言論引發一陣爭議。鄂蘭指出，對艾希曼的審判足以顯現邪惡的平庸性。如同第四章所述，我們幾乎可以肯定的是，鄂蘭誤解了艾希曼的動機和性格。然而，許多思想家同意鄂蘭的說法，認同某些為非作歹的人是腦袋清醒、服從命令的官僚，而非具有虐待嗜好、自願從惡意行為中尋求樂趣的惡人。若將那些某種程度上是納粹大屠殺共犯的人一併納入討論範圍，則會出現更多涉及道德爭辯的複雜議題，包括清楚發生了什麼事，但並未對被害人伸出援手的一般公民，以及在集中營中協助組織運作，以換取衛兵袒護的囚犯，都會牽涉進去。

論及在戰爭期間犯下偏激的不當行為，就會有人提出當事人受脅迫、合理行使正當防衛，以及道德抵抗（moral resistance）必將付出代價等種種理由，使問題更加棘手難解。然而，納粹大屠殺和其他暴行都有大量的例子顯示，行凶者並未受到要脅，而是主動尋找殺害無辜被害人的機會，配合完成一波波的毀滅行動。一九七〇年代，紅色高棉（Khmer Rouge）在柬埔寨綁架、凌虐及殺害任何他們認為是國家敵人的受害者，包含少數民族和「知識分子」（亦即受過教育及戴眼鏡的人）。柬埔寨的最終死亡人數預估多達一百五十萬到三百萬人。一九九四年，盧安達悶燒多時的政治衝突擴大，演變成種族滅絕事件。短短一百天內，胡圖族（Hutu）屠殺了多達一百萬名圖西族（Tutsis）百姓。大多數被害人是在砍刀的一陣亂砍之下死亡，許多人死在鄰居刀下。性侵遭到有系統地濫用，成了戰爭武器。這些暴行不只慘不忍睹，更是規模驚人。即便限縮到二十世紀，還是有史達林和毛澤東這種領袖，數以百萬計的人民在他們的統御之下犧牲。這些暴君和戰犯值得我們最強烈的譴責，這正是為什麼世人時常以「邪惡」形容他們，克里斯多福・希鈞斯（Christopher Hitchens）形容這個詞是「我們擁有最棒的最高級負面詞彙」（the best negative superlative that we possess）。

截至目前，我們已談到三種一般人時常形容為邪惡的極端惡行：恐怖主義、連續殺人、種族屠殺。我們需要嚴正看待這些案例。我們不能拿科幻小說、魔幻作品或宗教文本中看起來很惡劣的事情當作範例，輕率地聲稱這些都是虛構情節，所以真實世界中沒有邪惡。懷疑邪惡是否真實存在的人也必須願意直視恐怖主義、連續殺人和戰爭罪行的真實作為，解釋為何這些行為不算是邪惡。許多深信世上確實存在邪惡的哲學家並不相信超自然的邪惡力量，當然也就不相信有超自然界。這些哲學家反而認為，邪惡是道德特性（moral property）的一種，行為和人還能具備其他許多正面和負面的道德特性。舉例來說，行為可能具有不公平、大方、可允許或應受譴責等特性；人可能擁有富有同情心、殘酷、不老實或正直等特性。假設我們想釐清什麼是殘酷，或怎樣可稱為富有同情心，與其毫無設限地大肆建構抽象理論，我們必須尋找通常被稱為殘酷或富有同情心的實際案例，仔細檢視。對待邪惡也應如此。（儘管專心探討真實世界的實例相當重要，還有一點值得指出，那就是歷史上絕大多數激進的為惡者都是男性。為了反映這個事實，指稱世人口中的惡徒時，我會主要使用男性的代名詞，但這並非暗指所有惡徒都是男性。）

將焦點從虛構案例轉移到最發人深省的為惡實例後，辯論邪惡主題時的風險也就隨之增加。但轉移探討的重點本身並未解決邪惡是否存在的問題，也未對何謂邪惡給出答案。假設我們指著恐怖主義或連續殺人的實際案例，痛斥這些都是邪惡之事，我們究竟是想表達什麼意思？這些案例違反道德？這些作為大錯特錯？有沒有什麼共通的特點，使其與不算邪惡的一般過錯有所區別？如果有，會是什麼特點？有別於一般過錯，邪惡行為是否對被害人造成什麼鮮明的影響？有別於一般過錯，邪惡行為是否引發旁觀者某種特定的反應，或許是恐懼或不理解？有別於一般過錯，邪惡行為是否由某種獨特的動機所觸發？除此之外，我們也必須聚焦於邪惡的人身上，回答同樣的問題。我們大可指著希特勒和邦迪的鼻子說「他們很邪惡」，但這樣譴責他們的時候，我們究竟是想表達什麼意思？邪惡之人有沒有什麼共通的特點，使其與不算邪惡的一般人有所區別？比起我們其他人，邪惡之人是否擁有特別不同的心理特徵？邪惡是他們的天性嗎？他們可以透過矯正走回正途嗎？

想要描述何謂邪惡，哲學家勢必得先回答這些問題。即使是認為邪惡確實存在的一派，對於究竟何謂邪惡，以及邪惡的確切界線在哪，哲學家之間還是有諸多爭論。我們已看到，初步認定為邪惡的核心案例包括恐怖主義、連續殺人和種族滅絕。這些核心案例都有以下重要特點：行為本身違背道德；為惡者的所作所為應受懲罰或譴責；都是刻意殺人或凌虐；各個案例都有無數個無辜的受害者。

若要劃定邪惡和壞之間的界線，務必別竭盡心力只鑽研核心案例，也要比較各種較次要或難以認定的例子，最後再與明顯稱不上是邪惡的行為和人相互比較。嚴重過錯的實例時常缺少核心案例的一或多項重要特點，我們可以思考這些例子，藉以探討非核心的案例。例如，核心案件的行凶者顯然必須因其所作所為受到譴責，但有時候，對他人加諸嚴重傷害的施暴者是否應承擔罪責，並非如此明確。剛學會走路的詹姆士・巴爾傑（James Bulger）慘遭兩名十歲男童羅伯特・湯普森（Robert Thompson）和瓊恩・維納布爾斯（Jon Venables）殺害，就是這類悲劇案例。儘管許多媒體稱這兩名凶手是邪惡的殺人犯，但有人主張湯普森和維納布爾斯只是孩子，無法完全承擔責任，反對幫他們貼上邪惡的標籤。美軍士兵琳迪・英格蘭（Lynndie England）涉及在阿布格萊布（Abu Ghraib）的監獄虐囚，這起事件同樣引發意見分歧。有些人認為英格蘭顯然就是惡徒，不過有些人覺得她是受到這起醜聞的元凶查爾斯・格雷納（Charles Graner）所脅迫，因此不必承擔全部的責任。

只要鎖定核心案例的其他特點，就能衍生出更多次要的例子。在**初步認定**為邪惡的核心案例中，行凶者虐待或殺害**無辜**的被害人，不過我們可以想像一下，在某些次要案例中，「行凶者」只對有罪之人施加這種極端的折磨。舉例來說，具有虐待傾向的行刑者樂在工作，只殺害經過正當程序判處死刑的犯人（為了論述方便而如此舉例）。他從結束犯人生命的過程中獲得莫大喜悅，這樣算邪惡嗎？或者也能想想蘇聯紅軍的士兵，他們將德國軍隊驅逐出祖國領土，殘酷地對待敵軍大兵。我們知道是德軍先入侵蘇聯領土，而且德國士兵本身就幹了不少不公不義的壞事，不是什麼無辜的受害者。這是否暗示，俄羅斯人凌虐及處死德國人並非什麼邪惡的罪行？

在**初步認定**為邪惡的核心案例中，行凶者不只**刻意**施加極端的傷害，也成功犯下暴行。假設有人企圖並實際嘗試殘害無辜的受害者，但由於運氣不好或執法人員介入而未能如願，最終沒人受到傷害，我們該怎麼給予評價？二〇〇一年，「鞋子炸彈客」理查・瑞德（Richard Reid）試圖炸毀一架飛越大西洋的班機，所幸行動失敗。瑞德失敗的行動似乎是嚴重錯誤的行為，但邪惡嗎？他之所以稱不上邪惡，單純是因為運氣太背？另一個棘手的次要案例是具有虐待傾向的窺視者，他們本身並未傷害任何人，但看到無辜的人遭受極大的苦難（例如在天災中失去性命的罹難者）卻暗自感到愉悅。這種行為似乎道德淪喪，但沒造成傷害也是事實。無害的行為算得上是邪惡嗎？最後一種可能的次要案例，是行凶者施加的傷害並未涉及虐待或殺害，但還是相當極端。想想天主教會神父犯下的兒童性侵案。想想約瑟夫．弗里茨（Josef Fritzl），他把親生女兒關在地下室二十四年，無數次強暴她。這些都是糟糕透頂的錯誤行為，很多人會以邪惡來形容，但只發生一次的強暴或凌虐呢？究竟極端程度要降到多低，斷然貼上「邪惡」標籤才顯得不恰當，這點並不清楚。另一個類似的程度問題與受害者的數量有關。前文各個**初步認定**為邪惡的核心案例中，恐怖分子、連續殺人犯和戰犯都殺害了眾多受害者。要是受害者只有一個，而非多人，肇事的行為還能算是邪惡嗎？

第二章到第六章將會探討以上這些類型的問題。至此，困難之處應該顯而易見：這些問題不僅錯綜複雜、使人疑惑，也挑戰傳統的道德底線，令人不安。把道德推往極限會引發強烈情緒、產生鮮明的立場分歧，並引來許多不明確且混亂的看法。接下來，我會介紹不同哲學家對邪惡的解釋，點出他們之間饒富趣味的分歧意見，並探討哲學家如何劃分邪惡以及單純的壞／錯。讀完本書後，希望你對何謂邪惡能有更清晰的概念，進而能立足於更健全的基礎上，判斷真實世界中的行為和人是否邪惡。當然，有些人依然會對邪惡是否存在抱持懷疑態度，但無論如何，在此過程中，你應該能更加瞭解極端的錯誤行為和人性的墮落，見識到各種惡劣的型態。

第二章

邪惡行為引發的震驚與無法理解

二〇一九年復活節的那個星期日，國家一神教團的恐怖分子在斯里蘭卡的多處教堂和飯店引爆炸彈，造成兩百五十九人罹難。事件發生後，美國政治人物伊莉莎白・華倫（Elizabeth Warren）在推特（Twitter）發文表示，「在復活節禮拜時屠殺上教堂的教徒是極度邪惡的行徑。」華倫想透過這段話表達什麼？為什麼不只是說，這種大屠殺是錯誤的事？華倫選擇用邪惡來譴責爆炸案，是所能想到最強烈的字眼。邪惡不是尋常、平常或普通的詞彙。邪惡帶有不同凡響的意義。邪惡具有與眾不同的地位。但是，邪惡行為究竟哪裡不一樣？有什麼特點使其有別於一般非邪惡的行為？對於這些問題，哲學家提供了各種不同的答案，現在我們就要開始更深入地檢視他們互別苗頭的說法，瞭解他們對邪惡的闡述。優秀的哲學論述會包含邪惡行為的定義，其內容不僅要真確無誤，也要給予充分解釋。這個定義要能準確描述邪惡行為的本質，讓人瞭解邪惡與非邪惡行為之間的差異。定義太廣泛，誤把並非真正邪惡的事情納入討論，都不算數；同樣地，定義太狹隘而將真正邪惡的行為排除在外，也不應採納。

若要為邪惡行為建構合理的定義，首先必須釐清邪惡和錯誤之間的關係。從華倫在譴責凶手的推文中選擇使用「邪惡」一詞來看，稱呼某個行為邪惡顯然並**不等同於**認為該行為只是一般過錯。儘管無法劃上等號，但就邪惡和錯誤的意涵而言，的確有某些部分重疊。打個比方：叫某人母親不等於稱呼其家長，但不代表「母親」和「家長」這兩個類別完全沒有重疊之處。我們都知道，為人母是成為家長的一種方式，但並非唯一途徑。家長是較廣泛的類別，母親是底下的子類別。所有母親都是家長，但不是每個家長都是母親。這套邏輯似乎可以套用到邪惡行為和錯誤行為的關係上。華倫沒有明確表示恐怖分子的炸彈攻擊是錯誤行為，但她以邪惡來描述，實則暗示了這也是錯誤的行為。邪惡行為勢必也不會獲得認可，換言之，所有人都不該去做。試想，如果華倫直指恐怖攻擊是邪惡行為，但又補充說恐怖分子的作為還可以接受或合情合理，會令人多麼困惑。華倫將恐怖分子的行為定調為邪惡時，就已暗指該行為違反道德規範。所有邪惡行為都是錯誤之舉，不過並非所有錯誤之舉都是邪惡行為。不妨想想各種案例，許多過錯似乎都算不上是邪惡。舉例來說，在商店內行竊不合乎道德，但並不邪惡；

謊報年紀以順利進入夜店不合乎道德，但並不邪惡。這些不當行為稱不上邪惡，是因為這些過錯並不嚴重，甚至微不足道。這些小錯誤並不恐怖、可怕或駭人聽聞。相對之下，邪惡行為則是恐怖、可怕又駭人聽聞。邪惡行為嚴重違反道德，具有重大意義，必須嚴正看待。華倫之所以選擇「邪惡」這個標籤，正是因為她試圖傳達事件違背道德的嚴重性。

在此基礎上，我們可以對邪惡行為立定非常基本的哲學闡述。恐怖分子炸死一大票無辜民眾，犯下比行竊或說謊遠遠更為糟糕的惡行。簡單來說，邪惡行為意指極度錯誤的舉止，或是比一般日常過錯遠遠更嚴重的行為，大概就是邪惡行為最好的定義。從這個角度來看，邪惡行為這個概念強調的是犯錯光譜中標為紅色的極端區段。所謂的邪惡行為，就是大錯特錯的行為。

從「極端」初步闡釋邪惡行為：唯有行徑嚴重錯誤，始能稱作邪惡行為。

這個定義簡單明瞭，容易受人採納，而且似乎相當符合許多人在判斷何為邪惡行為時的普遍標準。立足於這個定義之上，我們可以解釋為何凌虐和屠殺都是邪惡罪行。這些行為之所以邪惡，單純是因為這些都是嚴重錯誤的行為。奠基於極端特性的這種基本闡述，還能解釋為何偷竊商品雖然是錯誤行為，但並不邪惡，因為在店內行竊並非罪大惡極，稱不上邪惡。然而，若從哲學的角度思考，無法這麼快就下定論！這種基本闡述不僅衍生出其他難題，也有一些人反對如此論斷邪惡，接下來，我們就要探討這些問題，並點出這些不同的看法。

只要思考行為之間如何區別錯誤的嚴重程度，或是邪惡行為決定於哪個面向，就能明白其中的複雜之處。畢竟，錯誤行為可從許多不同面向來評判——有些錯誤行為造成較嚴重的傷害，有些錯誤行為的被害者人數較多，有些錯誤行為出自較惡劣的動機，有些錯誤行為比較可怕，有些錯誤行為較值得防範。另外，我們也沒有理由認為，這些類型不一的極端特性會呈現一致的趨勢。分歧似乎才是常態。甲行為可能比乙行為造成更嚴重的傷害，但乙行為背後的動機比甲行為更不堪；甲行為可能比乙行為更值得預防，但乙行為比甲行為更令人不寒而慄。

如果執意要依定義宣稱，邪惡行為是極端的悖德舉止，我們就必須明確指出，在這些不同種類的極端特性之中，我們指的是哪一項。這並不容易。

假設我們暫且將錯誤行為造成的傷害多寡視為相關因素。依據這個觀點，邪惡行為應該要定義為**傷害極大**的錯誤行為。

從「傷害極大」闡釋邪惡行為：唯有行徑的傷害極大，始能稱作邪惡行為。

這個觀點有其擁護者，但也引來不少批評。第一種異議如下：如果錯誤行為只是造成極大的傷害就能稱為邪惡，有這麼多人質疑邪惡是否存在，該如何解釋？如果邪惡的內涵不僅止於這點，還有更加複雜、引發更大的爭議等條件，那麼，對邪惡的種種質疑才會比較合理。第二種異議頗受哲學家歡迎，過去幾十年來，多位哲學家均曾撰文探討這個議題。他們之中有人宣稱，邪惡與一般過錯不僅僅在數量方面有所差異，在性質上也各異其趣。他們認為，比起算不上邪惡的一般過錯，邪惡行為不應只是**錯得更離譜**或**造成更大的傷害**，因此，他們反對以是否造成極大傷害來評斷行為邪惡與否。他們提議應找到邪惡行為所具備的其他特質或屬性（而且一般不邪惡的錯誤行為完全缺乏），以此定義邪惡行為。

為什麼這些哲學家支持邪惡行為與一般過錯具有不同的性質？其中一個理由是，他們希望能在「邪惡」與「不邪惡」之間劃條明確的界線，消弭出現「有點邪惡」、「稍微邪惡」或「似乎有些邪惡」等情形的機會。要是在性質（而非數量）上存在差異，那麼邪惡和不邪惡之間便是非黑即白，從來沒有灰色地帶。這種做法正好呼應現實情況：人們判定某種行為邪惡時，總是以強調的方式表達。許多哲學家認為邪惡行為與一般過錯的性質迥異，還有另一個截然不同的理由。他們想回應那些質疑邪惡是否真正存在的聲浪，這一派認為我們應該直接拋棄邪惡這個概念。擁護此概念的一方深信，如果能證明邪惡行為與一般過錯徹底不同，就能更容易反駁質疑方。如果「邪惡行為」意指「嚴重錯誤的行徑」，我們每次談到邪惡，似乎能直接以嚴重錯誤來取代，而不至於遺漏太多語意。但這些哲學家認為，我們使用邪惡一詞的情形相當特別，而且重要，邪惡這個概念值得保留下來，不該放棄。他們認為，面對主張我們應該直接滅除邪惡概念的威脅，展現邪惡行為與一般過錯具有相差甚遠的性質就是最好的辯護。

終究我還是無法認同，邪惡行為和一般過錯具有特質（而非數量）方面的差異，但我必須承認，研究這個主題的大多數哲學家抱持與我不同的看法。他們的觀點值得仔細探究。這些哲學家反對以「極端」定義邪惡行為的基本闡釋方式，但宣稱邪惡行為蘊含其他額外成分，並非只有在惡劣程度上比一般過錯略勝一籌。如要試著找到他們提出的性質差異，我們有好幾個面向可以探尋：受害者和第三方旁觀者的反應、行為者的心理狀態，或行為所造成傷害的本質。本章剩下的篇幅將會著眼於邪惡行為引發被害人和旁觀者在性質上顯然不同的反應，探討邪惡行為與一般過錯產生差異的可能性，第三章和第四章再接續評估其他選項。

有沒有可能，邪惡行為之所以稱得上邪惡，是因為行為給人相當特殊的感受？乍看之下，這種想法可能看似主觀，使人心生疑慮。哲學理應反映現實，不該把感受擺在事實之前。然而，以所引起的感受定義行為是否邪惡，並非難以接受。有些我們相當熟悉且完全值得遵從的概念，就是憑藉事物對我們造成的反應，而得以將事物分門別類。就以「有趣」來舉例。各種不同的事物都能稱為有趣，像是別出心裁的笑話、笨手笨腳而絆倒自己、不小心拼錯字、誇張的表情、小孩對某個字的發音錯誤。如果要從這些事物中找到客觀且獨立的共通屬性，我們很有可能一無所獲。但這不表示沒有任何事物稱得上有趣，也不代表「有趣」這個概念有誤。我們以有趣形容某一事物，是因為該事物容易逗人發笑，而這正好能解釋為何這麼多南轅北轍的事物全都可以納入「有趣」的範疇。

哲學家有時使用「心理反應依附」（response-dependent）來指依反應定義的各種屬性。他們提出的說法是，邪惡跟有趣一樣同屬依附於心理反應的屬性。行為引發的感受使其獲得邪惡的稱號，正是這種特殊現象使邪惡與平常的過錯有所區別，這是這一派哲學家的主張。問題是，哪些確切的回應或反應是界定邪惡的可能選項？回答這個問題時，請問問自己，思考典型的邪惡行為案例時，你有什麼感受？觀看泰德・邦迪的犯案紀錄片，瞭解他綁架、虐待及謀殺多名年輕女性的詳細過程時，你有什麼感覺？看到知名的運奴船剖面圖中，活生生的人類頭腳相連地擠在船艙內，你的心中浮現什麼情緒？觀看奧斯威辛（Auschwitz）毒氣室的影片片段時，目睹堆疊成山的遺體、憔悴的倖存者眼中流露出痛苦，你作何感想？眼見這些極端的錯誤行為，許多人都是在飽受驚愕的同時感覺恐懼。有些人表達類似的情緒反應：毛骨悚然、噁心、反感、難受、嚇呆。為了方便討論，我們姑且使用「震驚」一詞概括這些情緒反應。

認為邪惡和震驚之間有所關聯的想法似乎大有可為，但這樣的關聯本質為何？我們能不能依據邪惡行為與震驚感受之間的關聯，為邪惡行為下個明確的定義？以下先從依附於心理反應的說法出發，思考相當簡單的邪惡行為定義。

從「震驚」闡釋邪惡行為：唯有行徑引發震驚感受，始能稱作邪惡行為。

這種解釋的確符合先前所提的幾個重要例子。許多**初步認定**為邪惡的行為都使旁觀者產生震驚的感受，包括華倫發文譴責的斯里蘭卡恐怖攻擊事件。相對之下，店內行竊之類的小錯縱使時常引來眾人否定竊盜者的道德觀，甚至讓人憤怒，但不會令人感到震驚。不過可惜的是，著重於震驚感受的闡述方式很快就面臨重大問題。許多使人驚嚇、難受或噁心的行為並不邪惡。舉例來說，假設有人在峽谷上方走鋼索，旁觀的群眾勢必提心吊膽，驚恐不已，但不會有人覺得如此大膽的行徑邪惡，儘管他們內心可能感覺難受。許多引起噁心感受的行為（像是生吞魚內臟或清潔攜帶式馬桶）也不邪惡。不過，對於主張以這種心理反應依附現象來定義邪惡的人，我們或許有點不公正。他們可能會說，人有不同類型的震驚和噁心感受。如果接觸魚內臟和思考連續殺人行為所產生的震驚或噁心感受不盡相同，那麼，邪惡行為因為引發特殊感受而有別於一般過錯的說法，或許就站得住腳。如此一來，我們可以在「心理反應依附」的闡釋方式之外，提出另外一個修訂版本。

從「道德震驚」闡釋邪惡行為：唯有行徑在道德層面引發震驚感受，始能稱作邪惡行為。

這個邪惡行為的定義比前一版更吸引人。在此定義下，凌虐和種族滅絕都在道德層面引起眾人震驚的情緒，因此算是邪惡行為；店內偷竊並未使人震驚，故稱不上邪惡；生吃魚內臟只讓人產生無關道德的震驚反應，單純是反胃的那種噁心，因此也不算邪惡。

儘管已有所改進，但以是否引發道德層面的震驚情緒來定義邪惡行為，依然面臨極大的反彈。假想你在電影學院就讀，期末作業要求你繳交一部短片。你決定以一九九四年的盧安達種族大屠殺為主題製作紀錄片，詳細呈現舉世震驚的暴力事件，並檢視倖存者和加害者如何在暴行結束後的多年期間共存。即便你還在磨練製片技巧，放映短片時，你的同學仍不斷受到影片內容所震懾，因感覺內容違背道德而有震驚和噁心的感受。播放這部影片時，你的行為已讓現場的旁觀者感受到背離道德標準的震撼。根據「違逆道德而引發震驚感受即為邪惡」的定義，這已是足以稱為邪惡的行為。有人或許覺得，這樣定義邪惡根本沒有更好，只有更糟。播放這部紀錄片的確引發了「道德震驚」，但你的行為根本沒有違反道德，更別說是邪惡了。由此觀之，違反道德而引發震驚情緒就等同於邪惡的說法並不成立。

不過，這樣反駁似乎有點奇怪。我們暫且擱置這個例子，思考一個套用到所有情緒都成立的重要差異，那就是情緒成因和哲學家所謂情緒的意向對象（intentional object）之間的差別。情緒的意向對象是指情緒的表達對象，情緒所攸關的事物。這個差異可能很難發現，因為很多時候，使你產生情緒的事物，正是你表達情緒的對象。舉例來說，如果有條蛇從你的眼前滑過，蛇使你產生害怕的情緒，你害怕的對象也是蛇。不過在某些情況下，情緒的觸發原因與情緒的意向對象並不相同。你告訴我未來全球暖化會帶來什麼風險，導致我出現害怕的情緒。此時，我的恐懼是由你的話語所造成，但我並不害怕從你口中說出來的話。我恐懼的對象是其他事物，亦即未來的全球暖化現象。更直白地說，觸發害怕情緒的事物不必與當事人真正害怕的對象相同。

謹記情緒起因和情緒意向對象之間的差別後，我們再回過頭來討論種族屠殺紀錄片違背道德而引發震驚感受的例子。觀眾在道德層面感受到的震驚和噁心情緒，是你身為影片製作者的行為所造成，但他們的情緒並非衝著你的行為而來。觀眾是被胡圖族的屠殺行為所震懾，不是因為你播放影片。這為我們指引出新的方向，重新定義以心理反應判斷行為是否邪惡的做法，而後遭遇前述反對論點時才能安然而退。或許邪惡指的不是在道德層面上引起震驚感受的行為，而是我們表達這種情緒的目標，也就是道德震驚情緒的意向對象。

從「道德震驚對象」闡釋邪惡行為：唯有當行徑本身即為我們基於道德良知表達震驚感受的對象，該行徑始能稱作邪惡行為。

這種說法同樣比前一版更好，但仍無力招架某些強而有力的質疑。這個定義中的「我們」是誰？每個人感到震驚的事物不同。有些人的情緒反應能力遲鈍，他們可能看見最極端的犯錯行為但面不改色，尤其如果該行為不夠殘暴或令人發自內心地感覺噁心，他們自然不會有任何反應。情況也有可能相反。有些人擁有過於敏感的情緒反應能力，表現出來的情緒與實情不成比例。即使面對道德上完全沒錯的行為，他們可能還是會感覺道德觀受到挑戰，因而產生震驚的感受。就拿同性戀行為當作例子來說明吧。（為方便論述，我們先同意同性戀行為在道德上是允許發生的事情。以男同志或女同志的姿態生活並未違背道德標準。不認同這個議題的讀者可選擇其他例子。）儘管同性戀行為合乎道德，但在某些族群裡，大多數人不僅不認同，還會因為道德觀受到挑戰而感到震驚和噁心。如果以「道德震驚對象」的觀點界定邪惡行為是正確的做法，那麼這就等同於暗示同性戀行為是邪惡的，因為根據這項定義，人們表達道德震驚感受的對象就是邪惡行為。但在同性戀的例子中，主張同性戀行為是邪惡行徑毫無道理，因為同性戀甚至沒有違背道德！問題癥結在於，道德情緒（moral emotion）可能有誤。有時，整個族群的道德情緒可能因為偏見或其他謬誤信念而偏離正道。有些人因道德標準受到挑戰而感覺震驚的事情，不見得就是真正最嚴重、糟糕的極端過錯。

依心理反應判斷行為是否邪惡，這樣的定義方式看來行不通。把造成的特殊感受視為邪惡的主要特徵，似乎與事實相去甚遠而難以成立，很多時候，不同人對同一行為的感受南轅北轍，而且某些感受可能受到誤導，有失公允。哲學家馬庫斯．辛格（Marcus Singer）認為，只要稍微調整「心理反應依附」的說法，這個問題就能解決。辛格主張，邪惡行為應定義為人們**應該**在道德上感到震驚的行為。這樣的調整大略等同於將邪惡行為前版定義中的「我們」界定為「知悉所有相關事實、擁有運作良好的道德情緒且富有智慧的良善之人」。這群人只有遇到任何真正有理由感到震驚（或許可以稱為「值得感到震驚的過錯」）的事情時，才會因為道德觀受到挑戰而產生震驚的感受。

經過幾番修改之後，我們總算擁有一個顯著貌似更貼近真實的定義。

從「值得感到震驚」闡釋邪惡行為：唯有行徑值得我們因為道德觀受到挑戰而產生震驚的感受，始能稱作邪惡行為。

如此定義邪惡行為似乎很準確。這能讓我們排除單純令人噁心、反感或在非道德層面使人感覺驚嚇的行為舉止，找出真正的邪惡行為。這種「值得感到震驚」的解釋方法也暗示虐待和種族滅絕都是惡行，因為良善和有智慧的人思量這些令人髮指的錯誤行為時，必定倍感震驚。這個定義也與店內行竊不算邪惡的觀點吻合。要是有任何人的道德觀受到挑戰，而對店內偷竊之類的小錯產生震驚的情緒，我們大可將這樣的情緒視為不符比例而不予理會，不必以此作為判斷邪惡與否的指標。現實中，有些族群的道德觀備受同性戀行為挑戰而感到震驚，但這不至於對邪惡的定義造成問題，只要不把這些族群視為擁有運作良好的道德情緒且富有智慧的良善之人即可。從各方面來說，以「值得感到震驚」來定義邪惡行為似乎相當有說服力。現在只剩一個問題：這種定義方式不具適當的解釋功能，無法替邪惡行為立下良好的哲學闡釋。

請思考以下類比。假設你想瞭解是哪些因素讓行為變成備受推崇的英勇事蹟，你大概會將幾個因素納入考量，像是從事該行為的危險程度、行為的利己或利他程度、執行者對自身承受多少風險的認知，以及行為本身是否適當或錯誤。當談及如何使一個行為或多或少受人崇敬，進而歸納為英勇事蹟，你會想到這些需要考量的條件。現在，假設有個朋友提出不同的觀點：那些值得獲得讚賞、勇敢特質受到推崇的行為，只要是熟知所有相關資訊的良善之人，都會認為是勇敢表現的那些行為，就可以被定義為受人敬佩的英勇行徑？這個觀點確實指出行為值得受到怎樣地對待，但對回答你的疑問沒有太大幫助。你的朋友犯了本末倒置的錯誤。該定義的問題在於並未處理行為因為具有哪些特點而值得受人欽佩。定義沒有告訴我們，為何某些行為值得受到崇拜，某些行為不值得，因此沒有任何解釋的功用。

看了這個類比之後，我們來重新思考以「值得感到震驚」定義邪惡行為的做法。回想一下，道德面大受震驚最早是對邪惡行為基本闡釋——依照定義，邪惡行為是指嚴重錯誤的行徑——的替代方案。道德上倍感震驚的特殊感受，理應構成邪惡行為和一般過錯之間的特質差異。不過，現在我們所思考的觀點是，根據定義，邪惡行為是指**應當**觸發這種特殊感受、**值得**讓人在道德方面對其產生震驚情緒的行徑。那麼，值得讓人在道德上產生震驚情緒，這樣的行為應具備什麼條件？答案似乎是行為本身必須違背道德標準，而且必須嚴重到賦予人正當的評斷立場，不僅產生輕微的不認同感或中等強度的憤怒，更要引發充分的道德震驚或噁心感受。換句話說，行為的確要嚴重違背道德，我們才值得對其產生道德震驚的情緒。只要有人試圖採納「值得感到震驚」的觀點，以此解釋邪惡行為的本質，就必須解說行為值得令人感覺震驚的條件。過程中，他們可能轉向「極端」之類的基本定義方式，提出解釋，而這正好是「心理反應依附」試圖取代的論述觀點。華倫譴責復活節恐攻行動是邪惡行徑，確實，那天的攻擊的確值得我們因為道德觀受到衝擊而對其產生震驚的感受。但光指出這點，無法解釋為何這些攻擊行為稱得上邪惡。反倒是這些攻擊屬於嚴重錯誤的行為（凶手在沒有正當理由的情況下殺了數百名無辜的受害者），解釋了這些行為值得我們基於道德底線對其產生震驚情緒的這個事實。

我已嘗試從「心理反應依附」為邪惡建立最具說服力的闡釋方式，而這裡所謂的心理反應是由道德震驚（或噁心）的感受所組成。為了貼近事實，諸如此類的說法必須不斷精煉及微調，盡可能達到有助於解釋的最大程度才能停止，如同我先前所主張。然而，萬一選了錯誤的心理反應作為建構論述的基礎呢？某些哲學家指出，對邪惡行為的典型反應著重於理智，而非情緒。許多人表示，他們發現邪惡行為令人十分困惑、迷惘、難以解釋，也就是**無法理解**。有些罪行（例如報復殺人）無可否認地相當嚇人，但容易理解。相反地，英國醫生哈羅德・希普曼（Harold Shipman）犯下連續殺人案，以過量注射的方式奪走兩百五十名病患的生命，就顯得完全沒有道理。邪惡行為和非邪惡過錯之間的差別，或許就是邪惡行為令人摸不著頭緒，一般過錯則可以理解。無法理解和某種程度上可以理解，兩者間有條明確的界線，因此要是哲學家認為，邪惡行為不僅比一般過錯犯下更嚴重的錯誤，更具有一般過錯某種程度上缺乏的額外特質，這個精進定義的方向可能就很有吸引力。那麼，我們該從「無法理解」的角度定義邪惡行為嗎？

第一個挑戰是要釐清，我們究竟該如何在這樣的情境下詮釋「無法理解」。如果有件事情讓人無法瞭解箇中道理，我們便可以說無法理解，但無法瞭解某個行為，可能代表好幾種截然不同的意義。第一種是不瞭解當事人做了什麼，包括無法辨認、分類或詮釋行為本身。舉個例子，假設你在觀看一場國外的運動賽事，裁判比出你不熟悉的手勢，你就可能會說裁判的行為令人無法理解。對於裁判所做的動作，你完全沒有概念。很顯然，這不是「邪惡行為令人無法理解」這個主張所要傳達的意思。希普曼的連續殺人案是謀殺，刻意殺害不想生命提早結束的無辜百姓。有人表示無法理解希普曼的行為，他們的意思不是不知道他做了什麼，比較可能是指他們不瞭解**為何**希普曼要這麼做。某些**初步認定**為邪惡的行為，其背後的動機的確很難識別，包括希普曼的犯行。同樣地，胡圖族為何要突然拿砍刀突襲比鄰而居的圖西族，奪走他們的性命，可能一樣令人費解。他們在想什麼？他們希望達成什麼目的？什麼原因促使他們這麼做？也許可以這麼說，我們無法識別邪惡行為背後的動機，由於這種特殊性質，這類行為才如此令人困惑，與一般過錯形成對比。

從「動機難以理解」闡釋邪惡行為：唯有行事動機無法識別，行徑始能稱作

行為。

雖然有些邪惡行為在這個層面上確實令人無法理解，但將這種說法視為邪惡行為的特徵，並不符合現實情況。現實中，許多一時衝動所產生的不理智行為讓人完全無法理解，但這些行為根本沒有違反道德。想像你的朋友突然彎下腰吃起院子裡的草，而你無法瞭解他行為背後的動機。儘管朋友的行為讓人感到一頭霧水，但我們絲毫不會想以邪惡來形容。該行為單純就是怪異而使人困惑，沒有惡意。但即便我們將焦點限縮至難以理解且同時嚴重違反道德的錯誤行為，便一口咬定所有邪惡行為都源自不明動機，其實也不正確。許多邪惡行為的主要案例背後都找得到清楚的動機。確實有許多惡徒明確表達其採取行動的原因。恐怖分子和受意識型態驅使的戰犯時常在招兵買馬的過程中，就大肆宣傳行動目標，但能辨別他們的動機，對於減輕過錯的嚴重程度沒有任何幫助，犯行本身也不會因此較不令人厭惡。許多連續殺人犯在木已成舟後揭露動機。例如我們知道，約翰・韋恩・蓋西會虐待及殺害被害人，是因為他在從事這些行為時獲得強烈的性快感，而我們之所以知道，是因為他在認罪陳述中解釋了這個動機，而且他的供述與倖存者的說法不謀而合。不過想像一下，假如有人說「在我看來，蓋西的行為一開始似乎難以理解，而且邪惡，但現在我瞭解他會凌虐和謀殺這些男孩，是因為他從他們的痛苦中獲得強烈的性愉悅，所以我不再覺得他的行為很邪惡」，會有多麼奇怪。許多動機都很糟糕、可怕、惡毒，值得最強烈的譴責。理解這些動機不應使我們減少對不當行徑的責難。

不過，對於「邪惡行為是無法理解的過錯」這種定義，還有另一種可能的詮釋。當人們說出邪惡行為就是令人無法理解的錯誤行徑時，或許他們的意思是：「這個行為並不恰當，我無法想像自己選擇做出這樣的事。」另一種對於邪惡行為的可能闡釋於焉產生。

從「無法想像的過錯」闡釋邪惡行為：唯有行徑違反道德，而且我們無法想像自己選擇做出同樣的事，始能稱作邪惡行為。

從這個角度定義邪惡行為，看起來更貼近真實。或許至少在某些情況下，你可以想像自己選擇在商店內偷竊或犯下其他一般過錯。相對地（我希望！），你無法想像自己選擇穿上自殺炸彈背心，在復活節當天走進斯里蘭卡的教堂，奪走數百名無辜教徒的性命。儘管你知道國家一神教團的恐怖分子是出於什麼動機犯下爆炸案，但從這個新的角度切入，你依然無法理解他們的行為，因此根據目前這個定義，他們的行為符合邪惡的條件。

邪惡行為和一般過錯之間的差異，果真在於我們是否認為無法理解行為本身？有鑑於先前以震驚反應為基礎的定義方式，此時回想起相關的種種討論，我們的腦中應該立即警鈴大作。如同之前一樣，我們必須詢問定義中的「我們」是誰。斯里蘭卡一案的恐怖分子顯然可以想像自己選擇做出這樣的行為，他們的許多激進支持者也能。如果「無法理解」應當是邪惡行為的獨有特徵，那麼，這個條件必須侷限於適當的群體才對，亦即擁有良好道德感且熟知相關資訊的明智之眾，而且他們的想像力能夠反映道德事實，值得仰賴。邪惡行為是我們理應永遠不會選擇去做的事，良善、有智慧的人無法想像自己選擇這麼做。但在這種情況下，我們需要詢問，為何有良知、有智慧的人覺得這類行為令人無法理解。答案肯定會是，邪惡行為無論如何都不應成為任何人的選擇，因為這些行為大錯特錯，或這些行為會對無辜的受害者造成可怕的傷害。指出「有道德感的人永遠不能想像自己做出邪惡行為」這個事實，無法解釋行為何以邪惡，這樣的解釋其實沒有回答到我們想探究的問題。謹守道德分際的人永遠無法想像自己選擇做出邪惡的事，原因是這類行為比一般過錯遠遠更加糟糕。

本章探討了被害者或第三方旁觀者的特殊反應有沒有可能構成性質差異，成為決定行為是否邪惡的關鍵。即便從立基於心理反應的定義來討論，無論是選擇「道德震驚」之類的情緒反應，還是「無法理解」之類的認知反應，都會衍生出類似的問題。邪惡行為和旁觀者的負面反應之間的確看似有所關聯，但震驚和無法理解的反應何時才顯得適當，終究還是取決於行為錯得離譜的本質，而不是震驚情緒和無法理解的反應造就了行為本身嚴重錯誤的事實。有鑑於此，我們應當歸結出以下結論：邪惡確實不是依附於心理反應的一種屬性。或許你會想起我之前舉的另一個為人熟悉的概念：有趣。這個概念的確具有依附於心理反應的屬性。有趣和邪惡的屬性差異何在？一件事情是否有趣，取決於人們真正覺得哪些事情好笑，相信大多數人都能輕易接受這個觀點。如果人們覺得小朋友發音錯誤很好笑，這件事就算有趣。有人覺得好笑，就是讓事情變成有趣的條件。當然，有些人可能不覺得好笑，但沒關係。有趣與否很容易就演變成「相對論」。有些事我覺得有趣，有些事你覺得有趣，但就此而論，不會只有一個人正確。論及什麼事情有趣的時候，不會有人產生誤會。相對之下，若要判斷某件事是否邪惡，對邪惡行為產生什麼反應才叫適當，可能就會引發爭議。面對真正值得感到震驚的事，有些人不覺得震驚。有些人（包括國家一神教團的恐怖分子）不僅可以想像自己犯下惡行，更實際付諸實踐。總之，若要瞭解邪惡行為和一般過錯之間的差別，我們必須跳脫心理反應的侷限才行。

第三章

邪惡行為的心理特徵

有些人認為，邪惡充其量只是個迷思，而且是危險的那種，摒棄這個概念會比較好。如果我們想要捍衛這個概念，勢必得為邪惡提出反映事實的合理定義，並展現這個定義準確描述了真實世界中的某些事情。目前已知有些哲學家認為，回應質疑聲浪最好的方式，就是主張邪惡行為與一般過錯之間存在性質差異，接著再找出是**哪個**特質使其與眾不同。我們可從三個地方著手探尋這項特質：對邪惡的反應、惡徒的心理，或邪惡行為所造成的傷害本質。第二章中，我們嘗試從心理反應的角度切入，試圖為邪惡建構令人信服的定義，只不過最終領略到這種做法困難重重。現在，我們要接續思考邪惡具有某種心理特徵的可能性。這個觀點認為，邪惡和一般過錯的差異在於，邪惡行為者的動機或情緒狀態都有其特殊之處。

基於與惡徒心靈有關的某個事實，就能斷定某種行為邪惡？不妨想想恐怖分子塔倫的所作所為。二〇一九年，他在紐西蘭基督城兩座清真寺屠殺教徒的過程，透過網路直播即時呈現於世人眼前。這起事件震驚了許多人，成為邪惡行為的代表案例，但塔倫的行為和每天發生的無數一般過錯之間，究竟有何差異？或許是因為塔倫出於某種日常小錯所缺少的動機而犯罪，或因為他在殺害群眾時，感覺到日常小錯所未能帶來的某種情緒，才讓他的行為顯得邪惡。鄂蘭在一九五一年出版的著作《極權主義的起源》（*The Origins of Totalitarianism*）中針對邪惡行為提出這類觀點。她在書中指稱，採取工業化手段的納粹大屠殺顯露出一種「根本之惡」（radical evil），無法只從「利己、貪婪、垂涎、憤怒、權力欲望和怯懦」等尋常的動機來解釋（如同我們所知，鄂蘭之後會否決這個觀點）。

從心理層面切入描述邪惡行為的做法值得仔細探究，不過，我們暫且先將邪惡擺一邊，花點時間思考如何定義其他種類的行為。某些種類的行為並未提及行為人（亦即做出行為的人）的心理狀態，藉以定義行為本身。想想行為具備什麼條件，就能稱為有害。只要對某人或某物造成傷害或損害，就算有害，不管造成傷害的行為出自什麼動機，而且可能伴隨著行為人的任何情緒，都不是必要條件。有些有害的行為帶有報復意味，行為人本來就打算要傷害被害人；有些有害的行為則非行為人有意傷害他人，但行為人心知肚明，想要達成所追求的其他目標，勢必要對被害人施加傷害；有些有害的行為出於善意，原本希望為某人帶來好處，最後卻以傷害收場。由此可知，行為是否有害，完全仰賴其造成的效果來判斷，與行為人的心理狀態毫無關係。相反地，也有許多種類的行為的確是依據行為人的心理來定義。舉例來說，行為人必須出於對他人苦難的關懷而採取行動，這樣的行為才算富有同情心。有些行為能產生有益於人的效果，但由於行為人的心理狀態不符合這類行為成立的條件，因此不能視為富有同情心。復仇行為和富有同情心的行為一樣，也是依行為人的心理來定義。唯有出於以牙還牙的渴望而必須採取報復行動，或許還伴隨著某種對被害人的憤怒或敵意，這樣的舉止才能算是復仇行為。

本章的目標在於釐清：定義邪惡行為時，是否必須像富有同情心的行為和復仇行為一樣，參考行為人本身的動機或感受，還是邪惡行為可以出於任何動機，如同有害行為一樣。此外，我們也需要思考，為惡背後的特殊心理狀態能否獨當一面，成為邪惡行為和非邪惡行為的區分條件，或可能只構成邪惡的必要成分之一。好幾位當代哲學家已經宣稱，惡徒的心理狀態是區別邪惡行為與一般過錯的條件，至於**哪種**心理狀態才是造就邪惡行為的獨特來源，他們的看法莫衷一是。我們會針對邪惡逐一探討四種可能的心理特徵：惡意、施虐的快感、心知肚明的違抗，以及深思熟慮後的無視。

先來試著瞭解惡意的本質。假設你的朋友圈內有個傢伙會在朋友面前奚落你，和你簡直是死對頭。如果你對他產生惡意，表示你對他懷有敵對的感覺，希望倒楣事發生在他身上。要是你把這些感受或渴望體現於實際行動，你的實際作為就可稱為惡意行為。萬一你的敵對感覺促使你傷害或羞辱對方，等於你的行為就是出於惡意。這裡需要謹慎思辨，因為在某些不尋常的情況下，你可能刻意傷害了他人，但並無惡意。舉個例子，假設你試圖教導心愛的妹妹，希望她停止騷擾家裡的狗，因為你擔心狗被激怒後可能咬人。然而，妹妹並未把你的溫柔告誡當一回事，對於你所提到的狗可能對她造成的傷害毫不在意，於是你開始認為，讓妹妹學會不要對狗挑釁的唯一辦法，就是設法讓她受到驚嚇。因此你主動介入，終於讓狗轉身並對你的妹妹凶猛吠叫。當你看見妹妹憂傷的臉，不由得感到心滿意足。這就是你想要的結果，不過你並非因為對妹妹懷抱惡意而這麼做。讓她吃點苦頭只是一種手段，目的是要確保她日後的安全。若行為帶有惡意，行為人希望被害人受到磨難的出發點就不會只是期望行為能造成其他有利於被害人的結果，而會一心渴求被害人深陷於苦難之中，或傷害無故降臨在被害人身上。惡意中隱含對他人的敵意，惡意行為則是這股敵意的體現。

許多錯誤行為並未帶有惡意。想像有人邊開車邊講電話而沒注意路況，不小心車子失控，撞到行人。這是有違道德的錯誤行為，駕駛人難辭其咎，但起因是疏忽，不是對某人的敵意。這起事故中，駕駛人從未見過那位行人，對那位行人一無所知，事故發生當下，駕駛人的心思也不在那位行人身上，總之，駕駛人對行人絕對沒有任何敵意。其他某些情況下，行為人故意傷害無辜被害者，即便他們對傷害的對象沒有任何敵意，但犯行重大。偷車賊通常不希望被害者蒙受苦難，事實上，他們只想拿到車子！行竊過程中，他們深知自己正在奪取別人的財產，但對於要偷竊的對象，他們根本沒有任何敵意（沒錯，他們對車主不甚尊重，或許也沒多少善意，但兩者不至於累積成惡意）。同樣地，企業界許多常見的錯誤行為，像是詐欺、販賣假「療程」、污染環境，背後的動機單純就是貪婪，而非真心渴望被害人飽受折磨。

我們已明瞭，起因於疏忽或在利益驅使下所犯的錯，通常都不會帶有惡意。相對地，許多連續殺人犯的行為顯然都包藏禍心，「格林河殺手」（Green River Killer）蓋瑞・利奇威（Gary Ridgway）就是一例。他強姦並勒死至少五十名性工作者，因為她們「很好搭訕」，而且他「對她們大多感到厭惡」。從納粹大屠殺、亞美尼亞種族滅絕行動、史達林的大清洗到紅色高棉的血腥統治，許多凶手之所以為虎作倀，惡意是一大動機。這些殺人犯中，許多人不認為被害者只是湊巧慘遭魚池之殃，而是把他們視為腐敗、危險的敵人，死有餘辜，甚至覺得他們是沒有人性的害蟲，需要消滅。塔倫在基督城犯案時，就是這麼看待那些在他手上結束的無辜生命。

希望你已開始明瞭，挑選足以代表邪惡行為的心理特徵時，為何惡意是極具潛力的選項之一。一方面，依惡意存在與否，可將過錯分成兩類。許多過錯並未挾帶惡意，但在過錯的子類別中，包括許多惡名昭彰的暴行，則都暗藏著惡意。除此之外，一旦惡意成了導致錯誤行為的動機，過錯的嚴重程度會更加劇。在惡意的推波助瀾之下，錯誤行為會更進一步違逆道德。惡意帶來的惡化效應反映於仇恨犯罪的法定分類，行凶者必須接受相對來說更嚴厲的懲罰，承受更強烈的道德譴責。懷有惡意犯下罪行的凶手往往**主動尋找**傷害他人的機會，而且真心希望被害者受到折磨或毀滅，這點尤其讓人不寒而慄。綜合以上論述，包含羅倫斯・湯瑪士（Lawrence Thomas）和曼紐・瓦格斯（Manuel Vargas）在內的部分哲學家都深信，惡意就是邪惡行為的必要組成，也就絲毫不令人意外了。約翰・凱吉斯（John Kekes）主張，「比起為了達成（其他）目標，惡徒往往造成更嚴重的傷害。他們不只在選擇手段時肆無忌憚，更在狠毒心態的催化下過分行事。他們帶著敵意、憤怒或仇恨對待被害人。」針對這點，我們必須回答兩個重要的問題。第一，邪惡行為和一般過錯的唯一差別，是否在於前者主要是出於惡意的結果。換句話說，惡意是否足以讓任何錯誤行為都冠上邪惡的稱號？如果可以，我們就能得到以下定義。

從「惡意過錯」闡釋邪惡行為：唯有行徑違背道德且帶有惡意，始能稱作邪惡行為。

相當清楚，這第一個問題的答案是否定的。許多悖德的錯誤行為儘管受到惡意所驅使，但依然屬於瑣碎的小錯，不足為奇。想像你對朋友圈內的競爭對手懷有敵意，促使你在朋友面前造謠生事，讓他難堪。這類行為不僅沒有道德、帶有惡意，而且的確對受害者造成了些傷害，但缺少道德墮落的必要徵象，仍不足以冠上邪惡的稱號。惡意行為時常微不足道，宛如日常。儘管惡意是使錯誤行為加劇的因素，但不會讓所有帶有惡意的小過錯自動晉升成邪惡行為。還有第二個重要的問題：惡意是構成邪惡行為的必要條件嗎？換句話說，每個邪惡行為都是對被害者懷抱惡意而展現出來的行為嗎？這個觀點的擁護者坦承，光有惡意不足以構成邪惡行為所需具備的極端特性，因此，我們必須在邪惡的定義中加入一項獨立條件，以描繪上述的極端特性。他們認為邪惡行為是一種極端過錯，背後的動機也是惡意。這些哲學家認為，行為中是否帶有惡意，可區別邪惡行為與其他非邪惡但極端的過錯。於是我們獲得以下定義。

從「惡意的極端過錯」闡釋邪惡行為：唯有行徑極度違背道德且帶有惡意，始能稱作邪惡行為。

這種定義方式也許很吸引人，尤其如果聚焦於之前討論的惡意連續殺人犯和戰犯等案例，大概會覺得合理。案例所涉行為都極有可能與邪惡畫上等號，且為惡者的確是出於仇恨才殺害被害者。但是，檢驗哲學定義時，不能只找到幾個符合的案例就斷然下定論，也必須尋找是否有任何例子不符合所提出的定義，以哲學家的話來說，就是必須尋找定義的反例（counterexample）。以目前的邪惡定義來說，我們必須探尋，是否可能有些行為的確看似邪惡，但其本身並非行為人出於惡意所為的極端過錯。一旦這麼限縮這個問題，從更小的範圍中找到可能的反例就不會太難。有時，被害人受到嚴重的傷害，但傷害的行為中並不涉及任何惡意。我們需要去探究，當行為人在不懷惡意的情況下犯錯，而對別人造成嚴重傷害，是否有任何這類行為可能被稱為邪惡。要是能找到幾個這類例子，就能推翻邪惡行為的心理特徵為惡意的主張。

加諸傷害但沒有惡意的一種情況是，行為人追求其他目標的過程中，雖非有意，但可預見會造成副作用，也就是傷害到他人。無人機軍事攻擊的附帶損害（collateral damage）就是一個例子。這裡所謂的附帶損害，是指追殺預定目標時，波及附近的無辜群眾而連帶奪走了他們的性命，這是這場行動可預期的衍生結果，並非刻意為之。操控這場攻擊行動的軍官可以理所當然地說，他們對受波及的這些罹難者沒有任何敵意。他們對罹難者沒有仇恨，不希望他們喪命，甚至根本沒有試著要殺害他們。畢竟，軍官可能會說，如果可以的話，他們就會將預定目標隔離出來，不讓其他任何人受到波及。然而對許多旁觀者而言，儘管軍官對無辜的罹難者沒有惡意是事實，但軍官所應受到的道德譴責不會因此減少。軍官造成的附帶損害冷酷無情、泯滅人性，令人憎惡。還有另一個例子具有類似的結構：藥廠董事明知新藥會對百分之五的患者造成致命影響，但由於新藥的利益龐大，所以選擇隱瞞這個事實，照常大規模販售藥品，最終導致數千人死亡。董事既非對受害者懷有敵意，也不是意圖奪取人命才下這個決定。他們只是想賺錢。但是，他們沒有惡意的行為鑄下了大錯，值得受到最強烈的譴責。如果像這樣在非有意為之的情況下奪走多人生命已嚴重到可以算是邪惡，我們就應該反對將邪惡行為定義為惡意的極端過錯。

擁護這個定義的人可能主張，無惡意的附帶損害殺人行為很糟糕，也是違背道德的極端作為，但並不邪惡。不過，一旦論及出於利己的目的但不帶惡意的殺戮行為，這項定義便遭逢更強烈的質疑。在這類案例中，行為者出於某種目的刻意殺人，藉此確保達成其他渴望的目標。有些銀行搶匪在犯案過程中殺了老百姓、射殺拒絕服從命令的銀行職員或可能出庭指認凶手的目擊者，或持槍殺掉人質，作為談判的籌碼。相對於附帶損害性質的殺人行為，這些行凶者**確實**嘗試殺害礙事的被害人，以達成最終目的。儘管他們出於特定目的而故意殺人，但不表示他們對被害者抱有敵意，或為了發洩仇恨而無端殺人。銀行搶匪並非鎖定他們辱罵的群體加以迫害，也不是對之前得罪或輕蔑他們的對象以牙還牙。他們只是為了要帶著錢脫身，才做了需要做的事。

如果以「惡意的極端過錯」定義邪惡行為是正確的做法，那麼，只要這些行為並非出於惡意，就無法稱得上是邪惡。你可能會覺得這麼說沒錯。或許這種出於特定目的而殺人的行為遠遠沒有連續殺人犯的惡意行為來得嚴重，但要是我們著眼於這些目的明確的錯誤行為，擴大其造成傷害的規模呢？假設一大群公務員意外發現政府正在執行一項秘密間諜計畫。為了論述方便，假定這項計畫在道德層面上不會帶來任何助益，但有些公務員認為這是相當重要的事情。假設秘密警察總長決定必須暗中處理掉這些公務員，一個都不放過，以免計畫招來輿論洗臉，同時也保護計畫免於曝光，因此草率地下達暗殺命令。他對被害者並無惡意，認為殺人是為了達成另一個目的而不得不做的無奈手段。這種大規模謀殺不邪惡嗎？

讀到這裡，你應該已能掌握論述的要點，瞭解如何反駁「惡意是構成邪惡行為的必要條件」。現在該要接續思考邪惡行為另一種可能的心理特徵，也就是施虐的快感。這是指看見他人深陷磨難、受到傷害，或是在虐待他人時，內心浮現愉悅的感受。施虐的快感與惡意緊密關聯。對我們懷有惡意的人，看見我們受苦通常會感覺愉快，也樂於虐待我們。儘管兩者時常密不可分，但惡意和施虐的快感仍然有所不同，可以分開來討論。有些人對其他人懷有敵意，但在傷害討厭的被害者時，卻發現自己並不喜歡這個過程。他們可能會覺得，惡意傷害他人的過程並不愉悅，反而讓人覺得恐懼，或因為血腥而令人感到痛苦。針對這些情況，我們也許可以這麼說：縱使行凶者從傷害被害者的行為中獲得滿足感，但這種感受並未為他帶來快樂，有別於許多連續殺人犯所產生的歡快愉悅感，當然，兒童間的許多霸凌行為也屬於這種現象。行為人可以懷有惡意，但未感受到施虐的快感，反過來說也可能成立。有時候，行凶者傷害被害人可能不是出於惡意，只是為了達成其他目的，但反而意外發現，在別人身上施加苦難竟讓人如此開心。

雖然好幾位哲學家直指惡意是邪惡行為的心理特徵，但也有其他哲學家支持施虐的快感。這個選項會具有吸引力，原因顯而易見。施虐的快感是存在於某些過錯中的情緒反應（並非全部），而行為人在不當傷害被害者時獲得施虐的快感，似乎也讓錯誤的行為顯得更加嚴重。我們可能會聽到驚魂未定的目擊者這麼說，「他不只虐待囚犯，還相當享受！」文學和電影中，許多符合刻板印象的邪惡反派總是毫不掩飾地展現施虐的快感。電影中，當一個人在策劃如何傷害他人時搓手或滿心歡喜地格格發笑，通常就是在向觀眾透露這是邪惡的角色。社會大眾對於反派「發自內心大笑」的表演橋段再熟悉不過，類似的安排很容易在戲謔仿作（parody）中看到，例如《王牌大賤諜》系列電影的邪惡博士或《辛普森家庭》的「郭董」（Mr. Burns）。我們不斷收到這樣的訊息：惡徒不僅犯下罪行，而且**樂在其中**。我們不該以為這種心理只可見於虛構故事。許多連續殺人犯在凌虐被害人後痛下毒手，結束被害者的生命，從約翰・韋恩・蓋西、泰德・邦迪到BTK殺人魔丹尼斯・雷德，都在行凶過程中獲得強烈的性愉悅。軍中某些拷問俘虜的行為一開始源於聽從長官命令，為了獲取資訊而為之，後來行凶者反而打出興致，進而主動尋求樂趣。這些例子都是可怕、恐怖、駭人聽聞的惡行，極有可能獲得邪惡行為的稱呼。

主張所有帶有施虐快感的錯誤行為都能歸類為邪惡，就如同前述從「惡意」出發的觀點一樣似是而非。即便是瑣碎的小過錯引發不是太嚴重的苦難，為惡者還是可以從中嚐到施虐的快感。就像你刻意對朋友開玩笑，即使看到對方尷尬而渾身不自在，讓你感到心情愉悅，但這依然不算邪惡。比較有說服力的觀點是，施虐的快感是邪惡行為的必要條件，而且定義中必須額外加入邪惡行為的極端特性。

從「具有施虐快感的極端過錯」闡釋邪惡行為：唯有行徑屬於極端過錯，而且為惡者從中獲得施虐的快感，始能稱作邪惡行為。

有些哲學家擁護這個觀點（羅倫斯．湯瑪士就是其中之一），學術圈之外也有一些人支持。心理學家弗萊德．奧爾福德（Fred Alford）特地訪問受刑人，以瞭解他們對邪惡的看法。根據他的調查，許多受刑人認為，「對傷害他人感到愉悅且毫不懊悔」即構成邪惡。不過同樣地，檢驗哲學定義時，不能只尋找符合的案例，也必須尋覓可能推翻定義的反例。在這裡，我們應該要問的是，有沒有極端過錯並未伴隨著施虐的快感，但我們還是二話不說稱呼其邪惡。

針對這個觀點，我們或許能從戰犯的行為中找到最強而有力的反例。顯然，許多戰犯的確在看見被害人遭受苦難後產生施虐的快感，但在這個群體中，似乎也有人即使做了糟糕的事，卻未從中獲得愉悅的感受。他們誤以為自己非得完成那些令人不快樂的任務才行，而他們最終所獲得的，不過只有悲哀的滿足感而已。舉例來說，哲學家強納森．班奈（Jonathan Bennett）援引納粹領袖海因里希．希姆萊（Heinrich Himmler）的演講指出，希姆萊心裡明白，那些輔助「滅絕猶太人」而大規模掃射的士兵參與的是令人痛苦的艱難任務。希姆萊說，這些士兵承受了「沉重的負擔」，迫使他們必須對抗「人性的弱點」，並且應該小心提防，以免「精神崩潰」。其中似乎有幾分真實，納粹屠殺小隊中至少有些成員的確有這種感覺，他們出於嚴重受到誤導的使命感在執行任務，並未在大規模屠殺中獲得一絲絲施虐的快感。只不過，許多人還是認為，就算行凶者最終發現整個為惡的過程令人深感不愉快，這些無涉虐待意圖的大規模屠殺還是值得冠上邪惡的封號。換言之，不是每個惡徒的心理狀態都能像伊恩・布雷迪或丹尼斯・雷德一樣，對自己加諸於他人身上的痛苦感到興奮。有些人作惡多端，但沒有獲得任何喜悅。如果這是事實，我們就該反駁「邪惡行為是具有施虐快感的極端過錯」這種說法。

邪惡行為可能的第三個心理特徵是違抗道德。也許邪惡與否的關鍵，在於惡徒明知自己的所作所為並不正當，但還是做了。許多為惡者誤以為自己的行為在道德上站得住腳。這些人違背道德規範，但並非有意識地違抗道德。相反地，有時人們屈服於誘惑，刻意從事他們明知有違道德的行為，因為踰越道德規範可讓他們賺更多錢，或可讓他們的醜聞免於公諸於世。這些人清楚知道自己違背了道德，為了對自己有利的理由而這麼做。另一種違抗心態，是在明知自己做錯事的情況下選擇做壞事，而原因是**因為這麼做是錯的**，像違法的青少年一樣，因為想要打破規矩，而希望摸清規範的確切底線。這種違抗心理可見於約翰・彌爾頓（John Milton）的史詩《失樂園》（Paradise Lost），這部作品講述撒旦對上帝的反叛，是反映這種心理的著名文學範例。彌爾頓筆下的撒旦如此宣稱：

> 行善絕不是我們的任務，
> 作惡才是我們唯一的樂事，
> 這樣才算是反抗我們敵對者的
> 高強意志。

奧古斯丁（Augustine）的《懺悔錄》（*Confessions*）中可發現另一個知名的違抗心態範例，也就是他回憶小時候在果園偷梨子的軼事。大部分的偷竊行為都是出於利己的目的，但奧古斯丁聲稱，他確實是出於這種違抗心態才偷竊：

我卻願意偷竊，而且真的做了，不是由於需要的脅迫……因為我所偷的東西，我自己原是有的，而且更多更好。我也並不想享受所偷的東西，不過為了欣賞偷竊與罪惡……罪惡是醜陋的，我卻愛它，我愛墮落，我愛我的缺點，不是愛缺點的根源，而是愛缺點本身。

現實中，有些連續殺人犯也抱持違抗道德的心態，寫信挑釁警方，以違反社會秩序為豪。一九七〇年代，「山姆之子」伯克維茲在紐約槍殺了六名被害人後，就寫了一封這樣的信，信中他稱呼自己是「別西卜」（Beelzebub，聖經中的惡魔），並在信末寫下「你的謀殺案主謀」（Yours in murder），署名「野獸先生」（Mr. Monster）。

違抗道德就像惡意和施虐的快感一樣，不管是在瑣碎的小過錯或重大罪行中，都能發現其身影。正是這個原因，主張錯誤行為只要同時隱含違抗心態，就能視為邪惡，這種做法並不可行。繼續朝著這個方向深究的話，最吸引人的論述會是額外加入極端特性，定義如下。

從「隱含違抗心態的極端過錯」闡釋邪惡行為：唯有行為人明知自己違抗道德而犯下的極端過錯，始能稱作邪惡行為。

如同前面兩種說法，如此定義邪惡有一些優點。這個定義特別強調過錯底下的子類別，而篩選條件是能使過錯加劇的屬性「違抗」。違背自由意志把無辜的人關起來，無疑是糟糕的行為，但要是你明知這是不對的行為又故意為之，就更惡劣了。違抗道德讓這個行為變得比原本更加惡劣。看到有人做出錯誤行為時，我們時常說「早該想清楚一點」，但面對刻意踩紅線的錯誤行為，我們則說：「他**的確**想清楚了，但還是做了！」為了刻意違抗而去做不當行為，似乎有種特別墮落的意味，更值得苛責。

哲學家馬庫斯．辛格和羅伊．佩雷特（Roy Perrett）都宣稱，違抗是邪惡行為的必要組成。有些人強烈反對他們兩人的看法。此定義可能遇到的反例，是肇事者在不違逆道德的情況下犯了嚴重的過錯，也就是說，為惡者做出嚴重不當的行徑時，誤以為自己在做正確的事。快速瀏覽恐怖分子和戰犯的案件時，我們看到其中不少人雖然踩了道德紅線，但並非有意識地違抗道德，因為他們誤以為自己是在實踐正義。的確，許多恐怖分子和戰犯都認為自己是捍衛道德的英雄，師出有名。希特勒和其他主要的納粹分子毫無悔恨之意。他們的錯誤理念致使他們認為，那些可怕至極的行為都有正當根據。違抗道德是錯誤行為顯得更加嚴重的一大條件，但許多最極端、最值得斥責的過錯，背後的動機並非以違抗道德為出發點。現實社會中，不是所有最惡劣的為惡者都擁有彌爾頓筆下那位撒旦所展現的那種特別的心理狀態。有些人誤以為自己在做好事，但其實罪大惡極。這個理由似乎強而有力，足以反駁以「具有違抗心態的極端過錯」定義邪惡行為的做法。

邪惡行為心理特徵的最後一個可能選項，比惡意、施虐的快感和違抗心態都更複雜。大抵來說，如果斟酌後決定打消念頭，應該會拒絕做出任何傷人的行為才對。深思熟慮需要怎麼做時，等於是在權衡每一個有機會做的行為，釐清其背後支持或反對的理由。有些事情通常會被視為好的理由，像是獲得好心情、幫助他人、賺取金錢、學到新知識、兌現承諾，諸如此類；有些事情則通常會讓人卻步，例如對健康產生風險、對他人造成沉重的財務負擔、違背諾言、損害他人權利等等。行為時常兼具正反兩面的理由，而深思熟慮等於是要在強弱不一、互相拉扯的理由之間做出取捨。

假設某家公司的執行長可以選擇銷售某項他知道可以大幅提高公司利潤的產品，但他同時也知道，這產品可能使無辜的消費者喪命。哲學家伊芙・賈拉德（Eve Garrard）主張，可能奪走無辜性命的事實是讓人懸崖勒馬的強力理由，執行長甚至不應考量可能的獲利，一旦有人出事，再多的利潤都會失去。與其這樣，賈拉德認為，執行長深思熟慮的過程中，可能犧牲無辜使用者的這個事實理應就該讓他打消任何選擇銷售產品的念頭。在他心中，那些可能到手的獲利應該變得不再重要。有道德的人甚至不會起心動念，考慮是否要以無辜的人命換取金錢。

賈拉德以她對漠然無視的觀點為基礎，建構起她對邪惡行為的解釋。她認為，邪惡行為背後有種性質特殊的心理狀態，在所有一般過錯的案例中都不存在。根據她的說法，對於自身行為可能害死或嚴重傷害無辜的人，惡徒絲毫沒有任何負面觀感。在他們的眼中，理應使他打消所有壞念頭的考量甚至沒有任何份量。另一位哲學家亞當・莫頓（Adam Morton）提出類似的論點，指出邪惡行為者會忽視一種促使大多數人抑制暴力的常見激勵機制（motivational mechanism）。這兩個論點中，惡徒都有一個特色，那就是在思量是否從事邪惡行為時，面對理應讓一般人立刻打消念頭的原因，他們絲毫不為所動。就這些觀點來看，邪惡和一般過錯的分野，在於前者確切起因於某種特定的漠然態度（insensitivity）。行為人全然不在乎理應最重視的事情時，就會構成邪惡。

從「漠然無視」闡釋邪惡行為：唯有行為人漠然無視理應使其徹底放棄行為念頭的考量，所做出的行徑始能稱作邪惡行為。

部分（並非全部）過錯中也能發現這種漠然無視的現象，這項特質可說是使錯誤行為更顯惡劣的因素，因此符合成為邪惡行為心理特徵的基本條件。此外，有些**初步認定**為邪惡行為的案例也符合此一定義。想想小說中的連續殺人魔安東・奇哥（Anton Chigurh），柯恩兄弟（Coen brothers）電影公司曾將這本作品翻拍成同名電影《險路勿近》（*No Country for Old Men*），由哈維爾・巴登（Javier Bardem）飾演殺人魔一角。最讓觀眾感到震驚的，顯然就是這個角色把所殺害的人視為無物。那些本該讓他感到苦惱、使他縮手的事情，他可以完全鎮定地看待。缺乏悲憫之心的類似現象同樣可見於許多戰犯的行為，他們在執行種族屠殺任務時，所殺害對象的道德權利（moral rights）完全不在他們的考量之內。加拿大連續殺人犯克里福・奧森（Clifford Olson）殺害十一名孩童，他對理應是最重要的道德觀展現不為所動的冷漠，令人不寒而慄。有人問他出獄後要做什麼，他說：「重操舊業。」有人問他，被害人家屬的痛苦難道不足以讓他悔改，他回道：「如果我在乎他們的父母，我就不會殺那些小孩。」

雖然在這些具有說服力的邪惡行為案例中，行凶者看似都冷漠忽視最重要的考量，但要妥善評估這種解釋邪惡行為的方式，我們也必須尋找可能的反例。有沒有什麼邪惡行為的案例，行凶者**並未**無視最重要的考量？如果廣泛審視涉入種族滅絕的那些行凶者，可能有不少人在痛下毒手時，心中對於被害者並非毫無同情和憐憫。第二次世界大戰期間，相當於準軍事處決小隊的納粹特別行動隊在東歐寫下了血腥的歷史，但面對罹難的猶太人，隊上的成員並非全部都是鐵石心腸。歷史學家克里斯多福・布朗寧指出，許多參與這段歷史的隊員原本對自己的所作所為深感內疚，但出於忠誠或為了服從命令，終究還是讓雙手沾滿了鮮血。有些人縱使稍微權衡了真正重要的事情，但誤以為其他看似更重要的考量應該具有更崇高的地位，而終究還是犯下暴行，有些極度駭人、激進的過錯反而是在這種情況下發生。如果從漠然無視的角度定義邪惡行為，那麼納粹特別行動隊中，就只有那些由凶手全心全意執行、絲毫未經深思熟慮的謀殺行為足以稱為邪惡。這對許多人來說似乎不太可信。

這種說法還有另一個問題，就是我們如何知道行為人無視考量，而非深思熟慮是否採取行動。衡量納粹特別行動隊犯下的大規模謀殺時，我們要怎麼得知哪些可怕的殺人行為，是出於行凶者對被害人性命的漠然無視？如果有些行凶者稍微感到自我矛盾，有些對被害人的痛苦稍微感到擔憂，但最終還是扣下了板機，我們該如何區分這些行凶者的行為？是否應該說，納粹特別行動隊的某些殺人行為很邪惡，但我們不知道確切是哪些行為？這個定義的批評者認為，部分極度可惡的錯誤行為出自相互衝突的動機，即使這些行為是經過深思熟慮才下的決定，而非漠然無視的結果，還是邪惡。

截至目前，我們探討了以下概念：邪惡和一般過錯的差別，在於惡徒展現出獨特的心理特徵。有些哲學家主張這個想法沒錯。不過如同我們所見，他們所指的心理特色大不相同。他們所指稱的這些邪惡行為特徵中，每一個都是致使錯誤行為更顯惡劣的因素，讓他們提出的每種說法似乎或多或少受到注目。然而我們也看到，任一說法其實都遭受強大的挑戰。如果邪惡行為的概念應該反映最極端的過錯，那麼，在邪惡行為的定義中加入特定動機，勢必會衍生龐大的代價。有許多截然不同的特質都能加劇行為的悖德程度（包括行為造成多大的影響），因此我們總是可以找到例子，說明極度錯誤的行為可能缺乏哲學家所聲稱代表邪惡的心理特徵。

惡意可讓錯誤行為顯得更加糟糕，但有些極其惡劣的行為雖然造成嚴重的傷害，但背後並沒惡意。施虐的快感、刻意違抗和漠然無視同樣能讓錯誤行為更令人無法忍受，但有些極其惡劣的行為雖然造成嚴重的傷害，但沒有施虐的快感，行為人也未故意違抗或全心投入。因此，有些哲學家認為，試圖以惡徒的心理狀態定義邪惡行為並非正確做法。他們覺得，邪惡行為源自相當廣泛的動機，而且不是所有惡徒都擁有類似的心理狀態。第四章就要從這個角度繼續探討。

第四章 邪惡的平庸性

二十世紀學術圈極其讓人難忘的短語之一，就是漢娜・鄂蘭在一九六一年《平凡的邪惡：艾希曼耶路撒冷大審紀實》（*Eichmann in Jerusalem*）一書中發明的「邪惡的平庸性」（the banality of evil）。這個短語耳熟能詳，而且顯然具有深刻的意涵。聽到有人提到這個說法，許多人總是跟著點頭，流露出睿智的氣質。但這究竟是什麼意思？本章中，我們會探討鄂蘭的這個短語應該怎麼詮釋，並針對鄂蘭對納粹戰犯阿道夫・艾希曼（Adolf Eichmann）審判過程的分析，追查其所產生的影響。部分當代哲學家採納鄂蘭有關艾希曼的主張，反對邪惡和錯誤之間的差異必定是在性質而非數量上。他們不同意所有惡徒都具有同一種獨特、扭曲的動機，而是聲稱邪惡行為可能源自我們熟悉的多種動機，有時更是出自你我一般的平凡人之手。

深入探討鄂蘭對平庸性的想法前，還有最後一個我們應該仔細研究的面向，看看邪惡行為和一般過錯之間有沒有什麼性質上的差異。那就是行為對被害人造成的影響，亦即行為所造成的傷害類型。傷害可歸納成數個子類別，包括精神痛苦、肢體殘廢、奴役、強暴、公然侮辱、竊盜、失去貴重財物等等。會不會是邪惡行為透過特別的方式傷害被害者，而一般過錯不可能以這種方式造成傷害？要是真是如此，邪惡行為就能定義為加諸這種特殊傷害的錯誤行為。這是很有吸引力的簡單建議。若要實踐這個想法，我們只需找出足以區別邪惡和一般過錯的獨特傷害即可。

只不過，我們一開始評估各種可能選項，這個計畫馬上就面臨分崩離析的命運。邪惡行為造成的傷害是指無辜的人類死亡？如果是，所有導致無辜者喪命的錯誤行為都會成為邪惡之舉，反之，沒有奪走無辜性命的所有錯誤行為都不算邪惡。這兩種主張似乎與真實相去甚遠。有些錯誤行為雖然使人失去生命，卻是疏忽或輕率行事的結果，應受譴責。這些行為無疑都是情節重大、後果嚴重，令人悲痛，但如果有人以虐待為樂，刻意對一群惶恐的俘虜施以可怕的傷痛，年復一年，但從未有人因此喪命，我們該如何比較？魯莽的過失殺人是邪惡，但反覆凌虐被害人不算？或許，所謂的特別傷害是指其他事情，像是摧毀被害人的生存意志，或不尊重被害人認為不可侵犯的事物。虐待狂可能摧毀被害人的生存意志，他的所作所為理應算是邪惡。然而，自殺炸彈客並未摧毀被害人的生存意志，而是在他們得知發生了什麼事之前，就直接奪走了他們的性命，因此自殺炸彈攻擊同樣值得受到譴責，歸類為邪惡行為。或者，也許種族滅絕才是標示邪惡的獨特傷害。種族滅絕是糟糕透頂的錯誤行為，涉及種族滅絕的行凶者可說是邪惡的代言人，但連續殺人犯顯然並未鎖定任何種族，同樣也是不折不扣的邪惡之徒。問題不僅在於傷害的種類多元，嚴重又極端的傷害也有各種類型，而且有些嚴重傷害只是在數量上比輕微傷害更為極端罷了。試圖將邪惡行為的定義限縮在產生特定傷害類型的過錯，勢必會引發爭議，因為一定會有其他嚴重極端過錯的被害人，對於別人認為他們所遭受的對待並不邪惡感到忿忿不平。在這些考量的基礎上，我們應反對邪惡只是過錯底下的一個子類別，而且會造成特殊類型的傷害。我們必須考慮下一種可能的解法。

有些人認為，邪惡行為與一般過錯的差別在於所造成的影響，但並非是指邪惡行為產生了不同性質的影響，只是比一般過錯帶來**更多**傷害而已。包括克勞蒂亞・卡德（Claudia Card）、蘇珊・奈曼（Susan Neiman）和保羅・福爾莫薩（Paul Formosa）在內的好幾位當代哲學家認為，邪惡行為之所以邪惡，主要取決於所造成傷害的規模或嚴重度，並非行凶者擁有什麼獨特的反常心理狀態。這些哲學家深受漢娜・鄂蘭影響，更準確來說，是受到她在一九六〇年後提出的觀點所影響。原本在一九五一年的著作《極權主義的起源》中，鄂蘭主張納粹大屠殺所展現的「根本之惡」無法只從「利己、貪婪、垂涎、憤怒、權力欲望和怯懦」等一般動機來解釋。鄂蘭一開始認為，惡徒的心理狀態一定和其他平凡人不同，必定與「魔鬼」或「野獸」一樣邪惡。直到九年後出席阿道夫・艾希曼的審判，她心中對於邪惡的畫面始終沒變。艾希曼監督下屬把數百萬名猶太人送上流放火車，運送到死亡集中營，算是納粹大屠殺的重要協調者之一。他在戰爭中活了下來，並且逃到阿根廷，後來以色列情報特務局（Mossad）和以色列國家安全局（Shin Bet）的特務在一九六〇年發現他的行蹤，才將他逮捕。在大膽的行動中，他們暗地裡將艾希曼移送到耶路撒冷，依戰爭罪和危害人類罪等罪行將他送上法庭受審。

如同審判的其他許多旁聽人一樣，鄂蘭原本預期艾希曼會展現「根本之惡」的表徵，看起來就是一副「變態虐待狂」或「不正常的野獸」的德性，懷著對猶太人的激進惡意而犯下罪行。然而，她在法庭看到的景象完全出乎意料之外。艾希曼冷靜地回答問題，不慍不火。他看不出有一絲悔意，也不對大屠殺負責。艾希曼堅稱，滅絕猶太人是他的上司所下的決定，他只不過是聽命行事而已。艾希曼在答辯中清楚地表現出這個態度：「應負責任的領導者與像我一樣必須聽從領導者命令的下屬，兩者之間有必要清楚劃分……我不是承擔責任的領導者，因此我不覺得我有罪。」在《艾希曼耶路撒冷大審紀實》一書中，鄂蘭明確推翻了艾希曼擁有惡魔般異常心理狀態的這個想法：「如果直接將艾希曼視為惡魔，那一切就簡單多了……艾希曼一案的複雜之處在於，與他相似的人太多了，這些人卻既談不上邪惡，也非虐待狂，無論過去還是現在，他們都很正常，甚至正常得讓人害怕。」鄂蘭指出，艾希曼不是刻板印象中的那種壞人，他既沒有對被害者懷抱著惡意，也不是明知故犯，刻意違抗道德。就艾希曼的心態而言，真正令人吃驚的是他毫無思考能力（thoughtlessness）：

> 艾希曼如此勤奮努力，是因為他一心想升官加爵，除此之外幾乎沒有其他動機……說得明白些，**他其實完全不知道自己在做什麼**……他並不愚蠢，只不過是喪失思考能力（但這絕不等於愚蠢），正是因為如此，他成為當時最十惡不赦的魔頭。

鄂蘭旁聽艾希曼的審判，期望看見一個有虐待傾向、滿懷惡意的變態野獸，因為這是她原本認定的惡徒形象。等到她相信艾希曼根本不是這種人的時候，她就必須面臨抉擇。她大可堅持起初的看法，認為所有惡徒都是基於這些類型的動機犯下滔天大罪，最後得到艾希曼並不邪惡的結論。但鄂蘭的反應並非如此。她堅信艾希曼是惡徒，這迫使她拋棄之前對邪惡的認知。

鄂蘭在幾年後描述了自身看法的改變：「現在我的確認為，邪惡並非來自

『根本』，只是一種極端的表現，不涉及任何深層或惡魔的面向。邪惡可以茂密生長，為整個世界帶來破壞，原因無他，正是因為邪惡就像真菌一樣可以擴散蔓延。」鄂蘭在《艾希曼耶路撒冷大審紀實》中指出，「無思想性和邪惡之間有一種相互依存的弔詭關係」，艾希曼的證詞顯現出「邪惡的平庸性」（banality of evil）。這個短語從此進入公眾意識，在分析納粹大屠殺的脈絡下不斷被引用，而且似乎所有論及極端惡行的新聞報導或學術研究中，都能看見這個說法。舉例來說，九一一恐怖攻擊發生後，美國政治家沃德・邱吉爾（Ward Churchill）將雙子星大樓內某些罹難者形容為「小艾希曼」，他的意思相當清楚。邱吉爾話中的含意是，這些受害者或許看似與官僚無異，雙手並未沾上鮮血，但重大罪行之所以發生，他們其實都貢獻了一己之力，應受責備，事實上就是所謂的案牘殺人犯（desk murderer），相當於種族滅絕和恐怖攻擊的共謀。

暫且不論邱吉爾頗為挑釁的言論，我們勢必得思考鄂蘭關於艾希曼和平庸邪惡的說法是否正確。用到平庸一詞時，我們通常是指平凡、不突出、無趣或平淡無奇。鄂蘭怎麼會說邪惡——最極端、駭人、令人恐懼、駭人聽聞的悖德行徑——平庸呢？包括記者羅恩・羅森邦（Ron Rosenbaum）在內，有些人認為鄂蘭犯了天大的錯誤，創造出羅森邦所謂「我們的語言中，最浮濫、最誤用、最濫用的假知識分子用語」。羅森邦的沮喪其實蠻容易理解。用平庸來形容邪惡，似乎是要盡量削弱其重要性，暗示這個議題不值得仔細關注。不管是鄂蘭或她的批評者，這都不是他們的目的。更糟的是，有清楚的證據顯示，鄂蘭嚴重誤解了艾希曼的個性。大衛・切薩拉尼（David Cesarani）和貝蒂娜・斯坦妮思（Bettina Stangneth）等多位哲學家和歷史學家掌握了證據，足以證明艾希曼對他所謀害的猶太人具有濃厚的惡意。艾希曼在法庭上對大眾展現的面貌經過精心塑造，一副服從命令的官僚形象，但他在一九四五年寫道：「殺死了『五百萬名猶太人』，可以安心入土了。」之後又說：「要是我們把一千三百萬人全都殺了，我會很開心地說，好了，我們擊敗敵人了。」一個毫無思考能力、只會聽從命令行事的人，不會說出這些話。至少在這方面，鄂蘭錯了。艾希曼本身就不是鄂蘭所想像的那個艾希曼，不管是大是小。

既然鄂蘭誤解了艾希曼的性格和動機，我們該如何理解邪惡的平庸性？我們是否能在鄂蘭的著作中找到關於為惡的主張，從中萃取出邪惡行為的定義？這件事出奇地困難，因為鄂蘭對於邪惡的論述往往不甚清晰。她並未試著對邪惡行為樹立準確的哲學定義。鄂蘭是政治理論家，極力對抗加諸於猶太人的凶殘暴行，論及邪惡的文字通常是出於主觀印象，以隱喻的方式論述。字裡行間，鄂蘭看似就要提出她的看法，指出她從艾希曼身上所看到的那種欠缺思考能力的面向，就是邪惡行為的心理特徵。如果照著這個觀點去思考，所有惡徒都像艾希曼一樣毫無個人思想，只是盲目地服從命令。然而，這個定義可能嚴重違反直覺，因為這麼一來，豈不就代表納粹國家機器的核心引擎是一群沒有思考能力、只懂得聽從指示的官僚，他們全都是惡徒，但推動整個屠殺計畫的納粹領導者雖然腦袋清楚、惡意滿滿，卻稱不上邪惡。許多案例中的連續殺人犯、恐怖分子和戰犯的思緒極為清晰，深知自己是刻意對無辜的受害者加諸嚴重傷害。他們並未擁有缺乏思考能力的特質，但所作所為沒有比較不邪惡。泰德·邦迪有許多人格缺陷，但不假思索地服從命令不在其中。

若從鄂蘭的主張建構邪惡的定義，還有一種比較寬厚的詮釋。鄂蘭的文字間透露，不是所有邪惡行為都具有惡意、虐待意圖或心知肚明的違抗心態，即便某些邪惡行徑的確三者兼備。在邪惡概念的論辯中，她與眾不同的貢獻在於指出，有些（不是全部）惡徒的動機平凡無奇，他們並未意識到自身行為背後的重大意義。鄂蘭相信，有些（不是全部）令人震驚的罪行並非出於惡意，也不是貪圖施虐的快感，更不是要刻意違抗道德。在討論邪惡的脈絡下，這應該才是「平庸」所代表的意義。平庸的邪惡並不是指部分邪惡行為平凡無奇，不值得注意，而是有些邪惡行為源自平凡無奇的動機，並非由異於一般人、具有激進心態的人所為。已有一群當代哲學家認同這種觀點，他們全都贊同，縱使有些惡徒的確符合「具有虐待傾向的惡毒反派」這種刻板印象，但還是有其他許多邪惡行為表現出平庸的樣貌。這些哲學家不認為邪惡行為是由某種心理特徵所促成，而是相信，邪惡和一般過錯可依所造成的傷害程度來區別。克勞蒂亞・卡德指出，邪惡「不能用動機來定義」，是「傷害的本質和嚴重度，使邪惡與一般過錯有所差別，並非行凶者的心理狀態」。由此，我們可以得到以下關於邪惡行為的定義：

從「造成極大傷害的過錯」闡釋邪惡行為：唯有錯誤行徑造成極大的傷害，始能稱作邪惡行為。

根據這種說法，九一一恐怖分子就符合惡徒的標準，因為他們所做的錯誤行為不僅違反道德，還造成極大的傷害；雖然官僚或企業傀儡對無辜的受害者沒有任何惡意，但他們的錯誤舉措造成極大的傷害，因此也有資格獲得惡徒的頭銜。有些惡徒的心裡充滿仇恨和復仇的渴望，有些則一心想要達成工作上的目標，想方設法別讓老闆失望。猶如鄂蘭所指出，人們做出邪惡行為的理由千百種。邪惡行為鑄成滔天大錯，這些行為之所以嚴重錯誤，是因為造成極為龐大的傷害。

無庸置疑的是，如果有人希望藉由邪惡的概念篩選出與一般過錯明顯不同的行為舉止，這個定義勢必會讓他們失望。要是邪惡行為單純只是傷害極大的錯誤作為，那麼一般過錯和邪惡舉止之間將不會有鮮明的界線。的確，這麼一來將會形成灰色地帶，使有些行為顯得稍微有點邪惡，或處於邪惡和不邪惡之間的曖昧狀態。鄂蘭為我們帶來的啟發是以傷害為基礎，從廣闊的視角定義邪惡行為，這麼做具有實質的優點，能平衡灰色地帶的隱憂。在這種詮釋框架下，邪惡行為有了極其多元的面貌，而且，邪惡行為就是道德上最糟糕的錯誤行徑，值得我們給予最強烈的道德譴責，這種說法依然可以成立。傷害較大的行為，違背道德的程度顯然比傷害小的舉止更高，值得遠遠更強烈的譴責。儘管這種說法看似合理，但可能還是會引來一些質疑。現在我們要想一想，將邪惡行為定調為傷害極大的錯誤行為可能面臨哪些異議，並看看這個定義是否值得我們稍加調整。

第一個反駁論點從「承擔責任」（culpability）切入。我可以大膽斷言，如果我對某人說，「你的所作所為很邪惡，但真的不是你的錯」，絕對有違常理。判斷某個行為邪惡，也就等於認定行為人必須負起道德責任、行為人應受譴責，而且行為人難辭其咎。我們暫且稍微沉澱一下，想想哪些情況下當事人不必為自己所做的事扛起責任。試想你正走在路上，一個愛胡鬧的朋友從後面推你一把，導致你直接撞上迎面而來的路人，使對方跌倒在地。就某方面而言，的確是你撞倒了對方，但我們不會認為是你需要負責，反而會責備那個胡鬧的朋友。他才是造成別人受傷的元凶，需要對此負責。還有其他多種類似的案例，行為人傷害了他人但不必負責：在夢遊期間或遭受脅迫或勒索的情形下傷害別人，或因為發生無法合理避免的意外而造成傷害。諸如這些例子，使別人受傷的當事人理應會受到原諒，或只承擔部分責任。我們甚至會說，那個當事人並沒有做錯事。另一類更有爭議的例子是出於無知而造成傷害。如果醫生不曉得自己開的藥其實極度危險，要求他必須為病患所受的傷害負責，或許就不甚恰當，當然除非他理應早該知道其中的風險，我們可能就會主張他應該負責。

對於將邪惡定義為傷害極大的錯誤行為，這些與藉口有關的事實會和這種定義產生衝突的原因，或許不是那麼明顯。這種定義原本就已指出，唯有違背道德的行為才能算是邪惡，而我們可以簡單加上一條規則：要是行為人必須為其所作所為負起責任，而非情有可原，邪惡行為就必定是錯誤之舉。根據定義，邪惡行為必須是為惡者本身的過錯，不過這裡的確變得有點複雜。有時，行為在道德層面站不住腳，但實際情況反而減輕行為人應受到的責備，同時又不將其完全赦免。舉例來說，假設義大利西西里島有個窮困潦倒的單親母親決定去當黑手黨的線人，藉以擺脫貧窮，滿足小孩的成長所需。她提供的消息最後引發多起暴力勒索和殺人事件。你或許會判定這位女性的行為錯誤，而且造成極大的傷害，她選擇參與其中，就應背負責任。她不該這麼做！但你可能也會認同，她在這之前的貧窮困境足以為她減輕罪行。像這樣的案例無疑會引起各種不同的反應，但有些人可能認為，就算不考量那些減輕罪行的情節，這位女士還是不必受到責備。她的行為或許造成了極大的傷害，而且是需要追究責任的壞事，但並不邪惡，因為她不必承擔所有的譴責（這裡所謂「承擔所有的譴責」不是說她是唯一需要遭受責難的人，而是指受到最大程度的苛責，而不是因為某些情節減輕罪行而大大減少了所承擔的責任）。

我們也必須思考另一組類似的案例，在這些案例中，行為人應該為其錯誤行為造成的部分傷害負責，至於無法預料或超出控制範圍的其他傷害，則不能歸咎於他。這些錯誤行為可以說是帶來無法預料的災難。假設你心情不好，為了發洩怒氣，你決定在公車行進中辱罵公車司機。這是錯誤行為，而且你完全應該受到譴責。然而，假使司機因為你的辱罵而分心，導致公司撞毀，車上的二十名乘客因此喪命。事實證明，你的錯誤行為帶來**極大**的傷害，而且沒有任何藉口或甚至理由可以減輕你的行為責任。如果邪惡是指造成極大傷害的錯誤，這已足以讓眾人將你的行為冠上邪惡的稱號。然而事實上，這個行為似乎稱不上邪惡。這個案例中，我們可能認為你必須為錯誤行為負責，但對於那些無法預料、傷害極大的影響，責任並不在你身上。我認為，邪惡行為的定義應有所調整，將罪行情節可以大幅減輕當事人責任的極端過錯以及無法預料的災難錯誤等情況排除，因此定義可以修正如下：

從「造成極大傷害且行為人應承擔責任的過錯」闡釋邪惡行為：唯有錯誤行徑造成極大的傷害，且為惡者應為極端的傷害完全負責，始能稱作邪惡行為。

接著，我們必須著眼於行為對被害者造成傷害的各種方式，思考與其相關的不同難題。只有一個被害者受到傷害，是最簡單的錯誤行為案例，但許多錯誤行為都有多名受害者。多人分持的財產失竊、自殺炸彈攻擊、不公義的法案三讀通過等等，都屬於這類案例。目前所要探討的邪惡定義指出，唯有行為造成的傷害程度超過極端的標準，錯誤行為才稱得上邪惡。行為對許多被害人形成傷害時，行為是否構成邪惡，將取決於行為在整體上帶來了多少傷害。在自殺炸彈攻擊的例子中，這種說法似乎沒有問題。每一個喪命的被害人不斷累加，最終的傷亡數字即反映龐大的總傷害。如果行為只對個別被害人造成微小傷害，但有大量被害人受到這種輕微的傷害，從整體來看，等於行為造成的傷害極大，此時就會產生問題。

我們來比較兩種使他人痛苦的案例。為方便比較，假設溫和、稍微惱人的痛持續十分鐘為一單位的痛苦，強烈兩倍的痛則為兩單位的痛苦。我們要思考的第一個案例是凌虐一個人，在他身上施加五百萬單位的痛苦。這種程度的痛苦相當難受，使人意志消沉，勢必會對這位唯一的被害人造成精神創傷。這個行為造成極大的傷害，毫無爭議是罪大惡極的過錯。第二個案例是透過單一錯誤行為，對五百萬名被害人加諸一單位的痛苦。一單位的痛苦可說相當溫和且短暫，但第二個行為總共產生了五百萬單位的痛苦，所以和第一個行為的傷害程度如出一轍。然而，許多人會判定第二個行為的錯誤程度比不上第一個行為，算不上是邪惡。假如你能挺身阻止其中一個案例發生，但無法兩個都阻止，你是否會選擇保護那一位無辜的被害人，使其免受凌虐，而讓數百萬人忍受短暫、溫和但令人惱怒的痛苦呢？

在哲學討論中，如何加總計算傷害程度本來就很困難，不只有在定義何謂邪惡時才令人感到苦惱。如要回應先前的例子，你或許會傾向這麼表態：大量而輕微的痛苦無法加總計算，最終超越由一個人感受到的極大痛楚。只不過，這種看法可能帶來出乎意料的後果。為什麼痛苦無法加總計算？相信你對被捏的感覺並不陌生，假如一開始只輕輕捏住，你只會感覺到些微疼痛，後來逐漸增加力道後，疼痛感就會更為劇烈。如果你認同疼痛可以累積成更強烈的痛楚，或許可以試著從另一個角度思考。你可能會爭辯，許多被害人所受傷害加總起來的規模，永遠無法勝過第一個例子中單一被害者所受傷害（相對於痛苦）的規模。這麼說同樣有點奇怪。或許最好的回應是說，比起更大的傷害由許多被害者共同分擔，使傷害變得微不足道，有時在單一被害者身上施加超過特定極端門檻的傷害，會使過錯顯得更為嚴重。相較於嚴重傷害某一個人，讓許多人承受輕微的傷害，在道德上反而讓人比較容易接受。在這種論述的基礎上，我們對邪惡行為的定義可以調整為以下版本：

從「對個人造成極大傷害且行為人應承擔責任的過錯」闡釋邪惡行為：唯有錯誤行徑對至少一位被害者造成極大的傷害，且為惡者應為極端的傷害完全負責，始能稱作邪惡行為。

有些過錯造成的傷害分散於許多人身上，衝擊甚小，我想這就是我們看待這類過錯所帶來的難題時，應採取的方式，不過這個觀點容易引起爭議。許多理智且見多識廣的人必定不會認同這種看法。他們可能反而認為，這類行為就和對單一被害人施加龐大傷害一樣大錯特錯、糟糕至極，值得設法防範。我們可以由此聯想到生活中的某些真實情況。相較於連續殺人犯奪走幾個人的生命，但是用駭人聽聞的手段犯案，假若政治人物通過的法案使數百萬人民的生活稍微更艱難了一些，我們該如何評判政治人物的過錯？

以傷害為基準去定義邪惡行為還會產生另一種難題，當中牽涉的行為看似嚴重違背道德，但其實並未造成任何傷害。在這類案例中，當事人試圖殺害許多無辜的被害者，但因為運氣不好而未能得逞。二〇〇一年，鞋子炸彈客理查．瑞德企圖在飛機飛越大西洋時，引爆藏在鞋子裡的炸彈。要是瑞德成功實行計畫，數百名無辜旅客就會因此喪命。不過幸好他沒得逞。當他拿著起火的火柴嘗試點燃炸彈引線，周圍的乘客及時阻擋了他。儘管他的意圖明顯，但行為並未造成嚴重傷害。然而，他的所作所為還是踩到了紅線，犯下極度嚴重的大錯。我們姑且把這類行為稱為「未造成傷害的失敗嘗試」。即使意圖並未如期實現而未造成任何傷害，但行為者依然受到嚴重懲罰，罪有應得。要是我們只討論道德責任，不管瑞德的自殺炸彈攻擊行動是否成功，我們很難找到這兩種情況（成功引爆或失敗收場）之間的差異。瑞德只是不夠好運，起飛當天的潮溼天氣使引線受潮，引線才未能點燃。如果哲學家將邪惡行為定義為造成極大傷害且有人必須負起責任的過錯，最後會得到瑞德在飛機上的行為並不邪惡的結論，因為他的錯誤行為並未造成嚴重傷害。我認為，瑞德的行為和其他眾多「未造成傷害的失敗嘗試」都應該納入邪惡的範疇。這些行為就和許多成功犯下的罪行一樣嚴重，無疑踩到了道德的底線，值得好好譴責。

除了「未造成傷害的失敗嘗試」，還有一種可能的無害邪惡行為，那就是手段激進、帶有施虐般快感但未實際加諸傷害的窺淫癖（voyeurism）。偷窺狂是指喜歡暗中偷看的變態，虐待型窺淫狂（sadistic voyeur）則是指能從觀看別人受苦產生愉悅心情的人。事實上，許多虐待型窺淫狂也喜歡讓其他人承受苦難。凌虐被害者的連續殺人犯（例如弗雷德・韋斯特和丹尼斯・雷德）就屬於這個類型，他們造成人身傷害的激進行為正是邪惡行為的完美實例。但我們該如何評價帶有施虐色彩的窺淫癖，尤其偷窺者並未透過任何方式造成或促成任何苦難，只不過是經由觀看產生愉悅的快感？假設有人自願全神貫注地觀看車禍受害者困在汽車殘骸中痛苦萬分的神情，並能從中獲得強烈的愉悅感受，但他只是暗中偷看，而且當下確實沒有任何辦法可以協助受害者脫困。照理來說，他的行為並未造成任何傷害。受害者不知道他在做什麼，因此完全不覺得受到騷擾。然而，如果這種窺淫癖的窺視對象正遭受極其嚴重的折磨，觀看者卻從中獲得猶如施虐的快感，在道德上就難免令人憎惡。有人可能認為這種行為糟糕透頂、違反常理而令人反感，但並未嚴重悖德而足以稱為邪惡。畢竟，帶來施虐般快感的窺淫癖並未真正傷害到任何人，也沒有試圖傷害或對任何人帶來風險。有人可能覺得這種激進的窺淫癖簡直驚世駭俗，因而認定即便這未造成任何傷害，但依然算是邪惡之舉。

假設我們希望將「未造成傷害的失敗嘗試」納入邪惡行為的定義，或許甚至連帶有施虐色彩但並未造成傷害的窺淫癖也一起涵蓋進去。為此，我們對於邪惡行為的定義必須再修改最後一次。這兩種情形的共通處，在於兩者都與真正發生或可能引發的極端傷害有所關連，而且都有違道德。在這些行為中，行為者不是嘗試施加極端傷害，就是傷害已經造成，而行為者對此滿心歡喜。我們可以聲稱，邪惡行為與真正發生或可能引發的極端傷害之間具有適當關連。（當然，「適當關連」並不是指有利於彰顯道德的關連方式，而是與邪惡脫不了關係。）至此，我已經在定義中加入這麼多條件，使「邪惡」的標籤變得笨重，所以我會如此簡單呈現我的最終觀點：

行為的錯誤為至少一位被害者帶來極大傷害，且為惡者應為極端的傷害完全負責，或行為與實際發生或可能產生的這類極端傷害具有適當關連，且行為人應為該行為完全負責，只有這些情況下的行為，始可稱為邪惡。

這個定義旨在囊括道德最淪喪的過錯，且僅止於這類案例。這或許看似相當複雜，但主要概念可以濃縮成以下這句話：邪惡行為是行為者必須負起責任的極端過錯。如果這就是邪惡行為的本質，不管是虔誠的教徒或無神論者都能認同邪惡的確存在。確信邪惡真實存在的前提，是必須相信世上有這類極度違背道德的錯誤行為，而不必相信世界上有惡魔或邪靈附身的現象存在。不過，我希望邪惡行為的這個定義，那些真心相信超自然力量及深信妖魔鬼怪能做出邪惡行徑的人也能認同。由此可知，我所提出的是邪惡的世俗定義。

很顯然，我個人偏好的這個定義並非其他哲學家普遍接受的版本。有些哲學家認為，邪惡行為應依據旁觀者產生的反應來定義；行為之所以邪惡，是因為行為所引發的感受。有些人覺得鄂蘭的主張並不正確，而且我們的定義中必須納入邪惡行為背後至少一項心理特徵；行為之所以邪惡，是因為行為源自一套獨特但扭曲的動機。有些人認為，我們應該堅守極端傷害這個較簡單的定義，不必考慮我後來所做的其他調整，應與責任承擔與否、多人共同承受的輕微傷害，以及未造成傷害的邪惡行為等條件脫勾。我已嘗試秉持公正的立場，逐一提出並評估這些可能的觀點，但反對者勢必會將爭論導回他們偏好的方向，為他們自己的看法辯護。關於邪惡行為的本質，爭論永遠沒有結束的一天。

對於邪惡行為，哲學家也該正視另一種可能，認清沒有哪種定義就最完美。

我在逐一比較每個可能的定義時，就不斷請你依照個人直覺，判斷特定行為是否算得上邪惡、是否比其他行為更加背離道德，或是否應遭受最強烈的譴責。這樣的做法時常導致我們必須修改原本的觀點，就所要討論的事物收斂到一套各方都能接受的想法，但這種做法有其限制。每個人的直覺勢必不同（就算不是全然不同，至少在部分案例中難免會有分歧），而且在我們從哲學角度探討所有對立的理論和相關例子後，這些差異依然有可能持續存在。如果分歧的情形夠嚴重，我們最終可能就必須接受，在我們的日常思維中，判定行為是否邪惡時，總有好幾種截然不同但可行的概念在相互拉扯，但沒有任何一種能夠完全消弭紛爭，成為所有人都信服的最佳解方。要是我們接納這種概念多元論，對於某一特定行為是否應該列為邪惡而受到譴責等部分看似重要的爭議，最後只會淪為語言上的意見分歧，換句話說，爭論的各方同意所有道德事實，只不過他們口中所說的「邪惡」是指不一樣的事情。

即便最後我們在思考何謂邪惡行為時，已能坦然看待多元觀點，但區別及評估所有互別苗頭的定義方式，這個過程對我們依然頗有助益。衡量什麼是極端的道德過錯，以及探討該如何回應這些惡劣的行為時，我們必須清楚地彼此溝通。有人為某個行為冠上邪惡的稱號時，我們可以追問對方是否刻意暗示有超自然力量居中運作、行為是否出於惡意、行為人的意圖是否在於獲得施虐的快感、行為是否引發恐懼、行為是否令人無法理解……提出諸如此類的問題，其實相當有幫助。我們可以在追問的過程中，更進一步釐清彼此看法的分歧所在，並理解彼此之間有什麼共同之處。

第五章

邪惡之人

我們先從懷疑論者提出的質疑切入，展開對邪惡本質的探討。懷疑論者相信現實中的確有所謂的道德對錯，但認為邪惡只可見於小說的虛構世界中，因而歸結出以下結論：邪惡概念在當代的道德思維中不應擁有任何立足之地。在前面幾章中，我已根據真實世界的許多邪惡案例（包括連續殺人犯和戰犯的殘暴行為），幫邪惡行為立定一個但願能夠合乎情理的世俗定義。儘管這的確正視了邪惡是否真實存在的大哉問，但尚未處理懷疑論者提出的另一個反對意見：從邪惡與否的角度思考事情不僅有違道德，而且危險重重。這一章將會深入探討懷疑論者的這個具體立論。我會試著證明，這與「必須具備哪些條件才算邪惡的人」這個問題密切相關。我們會發現，判定某人的行為是否邪惡，以及認定某人是否就是邪惡的人，兩者之間有著莫大的差異。不僅後者還有其他含意，而且我們時常在未妥善思考證據的情況下，就斷然下定論。我的主張是，與其說是使用邪惡的概念，草率地把犯下過錯的人貼上邪惡之人的標籤，才是真正的危險所在。

輕率動用「邪惡」一詞在道德上可說相當危險，這個觀念對你來說或許早已耳熟能詳。二話不說就譴責對立方是邪惡的代表（舉個例子，像是「不同意我的立場的人就是希特勒」）時常是網路嘲諷的題材，這樣的嘲諷不無道理。這種反射動作般的反應失調散發著敵意，往往會使辯論嘎然停止，導致我們無法傾聽不同的立場，從中有所收獲。你對一些較為嚴肅的政治批評或許也不陌生，那些評論使用「邪惡」一詞來描述與社會格格不入的非主流群體，包括難民和種族或宗教上的少數族群。根據上述這套思維，當我們使用「邪惡」，等於是在將立場與我們不同的人妖魔化，把外團體（out-group）的成員視為對我們圖謀不軌的惡意人士。我們在將他們去人性化（dehumanize），認為他們是不受控的野獸或社會的害蟲；我們一口咬定他們毫無價值，應該消失在地球上。既然如此對待別人有違道德，或許我們就有理由別再使用「邪惡」來形容任何人。包括菲利普・科爾（Phillip Cole）和英嘉・克蘭狄能（Inga Clendinnen）在內，有些哲學家和歷史學家也指出，世人時常以「邪惡」來解釋犯錯的原因，但其實空泛無理。假設我們看著某個參與盧安達大屠殺的人說：「就是因為他很邪惡才會這麼做」，我們可能認為自己幫行凶者找到了犯罪的起因，不再需要針對該暴行提出更多解釋，但其實我們錯了。從邪惡與否的角度思考事情，可能會讓我們無法看透激進的錯誤行為，釐清促成該行為的真正原因。我們極有可能因此變得極端保守、排斥異己，不僅報復心重還冷酷無情。

懷疑論者聚焦於邪惡的道德危險，這樣的立論角度可能使你覺得，比起主張真實世界中沒有所謂的邪惡，這個問題不僅更加嚴重，也更迫切需要重視。從中我們似乎可以窺見，邪惡概念是股具有傳染力的想法，會引發病態、腐敗的思維，我們必須將邪惡的概念徹底趕出心靈，否則會對無辜的受害者造成嚴重傷害。要是在思考中動用邪惡概念會產生所有這些可怕結果，我們勢必得完全摒棄這個概念不可。然而，回頭去看我們在第二章到第四章逐一斟酌的邪惡行為定義，很難理解為何判斷行為是否邪惡會造成這些影響。承上所述，使用邪惡概念會讓人把為惡者和非人類的野獸劃上等號，我們先從這個想法開始思考。我同意我們不該把連續殺人犯、戰犯和虐待狂視為沒人性的危險野獸。如同先前我所主張，指責行為邪惡的部份條件，是要判斷行為是否為該追究責任的過錯，行凶者是否需要為自己的所作所為負起道德責任。判定戰犯（例如艾希曼）犯下邪惡罪行，與認定他只是危險、毫無道德感的非人類生物，兩者並不相容。惡徒展現了缺乏人性的事實，因為他們的行為缺少對同類的仁慈和尊重，但痛斥他們的行為相當邪惡，是要他們以人類、理性行為人和為惡者的身分負起責任。

同理，為何判定某人做了邪惡行為就會致使我們否認他的價值，認為他與我們之間毫無共通點、無藥可救，或我們應該直接將其消滅，其中的關聯實在令人費解。哲學家為文論述邪惡時，通常都會承認邪惡行為的肇因錯綜複雜，至少有些行凶者做了糟糕透頂的事情，日後洗心革面後，才開始對自己的過錯深深感到懊悔。前日本軍人永瀨隆（Takashi Nagase）是惡徒產生悔意的知名案例，他在第二次世界大戰時涉及凌虐戰俘。英國軍官艾瑞克．羅麥斯（Eric Lomax）是慘遭凌虐的戰俘之一，倖存下來的他日後寫了自傳《心靈勇者》（*The Railway Man*），後來更拍成電影，由柯林．佛斯（Colin Firth）主演。羅麥斯在書中描寫戰爭結束好幾十年後與永瀨隆見面的場景。起初，羅麥斯對他感到一股強烈的憤怒，但最後看到永瀨隆流露出相當誠摯的懊悔之情，因而原諒了他所做的一切。我們不會因為聽了這段軼事，就判定永瀨隆並未做出邪惡的事，但能從中聽出，有些曾經犯下惡行的人能夠洗心革面，至少得到部分的道德救贖。如果這是普遍的看法，為何科爾和克蘭狄能堅信，邪惡的概念會促使我們否定他人的存在價值、以錯誤的方式對待邊緣人，或停止探究極端過錯的起因？

解開這道難題的關鍵在於我們發現，人們使用「邪惡」一詞時，有兩個顯著不同但彼此相關的概念在運作。第一是邪惡行為的概念，第二是邪惡之人的概念。哲學家會篤定地認為**不是所有惡徒（evildoer，為非作歹者）都是邪惡的人（evil person）**，仰仗的正是這兩者之間的差異。粗略來說，他們的想法是邪惡行為相對常見，但邪惡之人很罕見。邪惡之人的品性特別糟糕，就算直接否定他的存在價值也不足惜。如同邪惡行為歸屬於道德最低劣的行為類型，邪惡之人理應是道德最惡劣的那種人。截至目前，這樣的主張仍然相當模糊。本章剩餘的篇幅將會探討哲學家已嘗試哪些不同的方法充實他們的上述主張，並更精確地界定何謂邪惡之人。討論中，我們會再次探討科爾和克蘭狄能對邪惡概念產生道德代價的擔憂。

談到不是所有惡徒都是邪惡的人，這個看法帶出了行為評估（action evaluation）和人格評估（person evaluation）之間更為籠統的差異。這項差異在美德論（virtue theory）的哲學領域備受討論。如能稍微瞭解美德論再回來專心探討邪惡，將會有所助益。體認我們時常使用同一組字詞來分類特定類型的行為和人，是認識美德論很有效的切入點。我們可能會說，民權社運人士羅莎·帕克斯（Rosa Parks）在搭公車時做了一件勇敢的事，她是勇敢的人。同樣地，我們或許會說，美國前總統尼克森首次面對外界對水門案的質疑時並未誠實以告，他是不誠實的人。如果我們只看這類例子，很容易就妄下定論，認為所有做出勇敢舉止的人都能算是勇敢的人，而所有出現不誠實表現的人，就是不誠實的人。然而，只要更深一層去思考，就會開始產生懷疑。所有人至少都曾在某些時候撒過謊，但的確有些人誠實到令人讚賞，值得信賴，有人卻因為毫無誠信可言而惡名昭彰。誠實的人可能就那麼一次出現不誠實的行為，並未因此變成不誠實的人。做出誠實行為和成為誠實的人之間顯然存在著什麼關聯，但那是什麼？

其中一種可能的答案是：一個人必須先展現眾多誠實的行為，才能稱作誠實的人。同樣地，一個人必須先做過許多勇敢的事，才能算是勇敢的人。這稱為人格評估的總和模式（aggregative model），也就是說，唯有你已做過夠多的某種行為，你才能稱為某種人。平時不斷累積行為，次數跨過門檻後，你就成了某一類型的人。有幾種人似乎都符合總和模式的規則。舉例來說，你必須先贏得多場F1賽車比賽，才能稱為F1冠軍車手；你必須先捐出鉅額金錢，才算得上是慈善家。

儘管人格評估的這種總和模式相當簡單，極具吸引力，但套在誠實或勇敢的人身上，似乎並不適切。首先，展現眾多誠實行為並不足以使人變成誠實的人。即便是最卑鄙虛假的詐騙犯，在多種情況下還是會說真話，像是回答日常問題、告訴別人當下的時間、和共犯策劃犯罪過程，諸如此類。所有詐騙犯在許多方面都會提供事實，但我們不會形容他們是誠實的人。另一個問題是，即使並未做過許多勇敢的事，還是可能成為別人眼中勇敢的人。想像有一個人很幸運地出生在非常安全的環境，不只極少面臨危險，也不太為了達成什麼目標而必須克制心中的恐懼。假設有一天他搬到了危險的地方，他肯定必須設法戰勝恐懼，鼓起勇氣過生活。他或許沒有太多勇敢的事蹟，但要說他的勇氣令人欽佩，似乎也無不可。他有勇氣，但一直以來都不必真正動用這項能力。總之，談到勇氣和誠實時，行為評估和人格評估之間的關係就不符合總和模式了。成為勇敢和誠實的人，並非只是因為做了很多誠實和勇敢的事。

以性格為基礎的評估模式會是總和模式的主要替代方案，在該模式下，一個人必須具有某種性格才能稱為某種人。毫無疑問，誠實的人必須具備誠實的性格。既然這是一種道德良善的性格特徵，哲學家便將此稱為誠實的美德。至於標準應該訂在多高，一個人才算擁有誠實、慷慨和勇氣之類的美德，哲學界則是爭論不休。就我們的目的而言，誠實的人只要能偶爾展現誠實的風範，不僅需要時願意發揮誠實的特質，還願意基於合適的理由體現誠實，就已足夠。誠實的人具有誠實的性格。他們對誠實的重視恰如其分，而且恪守誠實的原則行事，值得倚賴。相對之下，不誠實的人在面對亟需誠實的許多時刻，反而不願意謹守誠實的原則。尼克森就擁有這種負面的性格特徵（不誠實的惡習），即使他確實在許多時候說了實話，但他還是擁有這個惡習。透過這種性格導向的人格評估模式，我們也能理解為何鮮少做出勇敢舉止，也能成為別人口中勇敢的人。一個人擁有勇敢的性格特徵，意味著儘管處於對自己有利的合宜環境中，還是願意表現勇敢的一面。一個人或許擁有這種品格高尚的性格，但幾乎不曾做出勇敢的行為，展現這種性格，原因很簡單，因為他很少面臨需要做出這類行為的實際情況。

對美德論有了基本認識後，就能回來重新審視邪惡之人的本質。想要讓「不是所有惡徒都是邪惡的人」的說法成立，我們有好幾種方法可以採用，而界定邪惡之人最簡單的方式，就是透過類似總和模式的定義，把邪惡之人的門檻拉高，不是做過一次邪惡行為，就是邪惡之人。

邪惡人格總和論：唯有做過的邪惡行為超過明定的數量（超過一次），始能稱作邪惡之人。

有鑑於有些惡徒只做過一次邪惡行為，因此這種說法可與「不是所有惡徒都是邪惡的人」兼容並存，沒有問題。此外，相較於稱呼某人是惡徒，指稱一個人邪惡帶有更極端的道德背離感，因為比起只做過一次邪惡行為，做過多次邪惡行為更嚴重違反道德規範，與上述定義相互呼應。邪惡之人應受到最強烈的譴責，不只是因為他們涉入最極端類型的過錯，還反覆為之。已有好幾位哲學家支持這種說法，表示邪惡之人是指做過多次邪惡行為或仍不斷重蹈覆轍的人。這看似有其道理。假設有人要你說出你認為邪惡的人，你可能會點名希特勒、史達林或波布（Pol Pot），這些人都曾反覆、多次做出駭人惡行。

然而，這樣理解邪惡之人會出現幾個問題。如果我們採取總和模式來定義邪惡人格，我們勢必得認為，任何人只要犯下邪惡行為的次數超過門檻，就永遠洗刷不掉邪惡之人的臭名，即使他日後洗心革面並盡力彌補以前犯下的錯，依然無法鹹魚翻身。有些讀者或許深表贊同，世界上的每一個希特勒和史達林理應受到這番對待。但再回頭想想永瀨隆，即便他曾反覆參與凌遲戰俘的惡行，且的確必須為此負責，但多年後，他看起來已經徹底改頭換面，儼然成了另一個人。縱使永瀨隆依然必須為自己糟糕至極的罪行負起道德責任，但我覺得悔改後的他已不屬於道德最淪喪的那種人。如果你同意真心懺悔的永瀨隆是惡徒，但並非邪惡的人，你就不該接受邪惡人格總和論。

我認為總和論並未對症下藥，還有其他理由。儘管有所爭議，但藉由聲稱某人邪惡來解釋為何他會做出極其可怕的錯誤行為，其實相當普遍。舉個例子，泰德．邦迪逃獄後，很快就重操舊業殺害無辜的被害人，對此，我們可能會解釋成「他生性邪惡才會這麼做」。如果只是為惡次數超過特定門檻就是邪惡之人的話，這樣的解釋方式其實不成道理——這樣一來，「他生性邪惡才會這麼做」就會演變成「他作惡多端才會做出這麼糟糕的事」，而這種解釋顯然無法成立。假如我們想要允許「他生性邪惡才會這麼做」這樣的解釋方式，必得駁回上述總和論的觀點。

如果根據上述定義，邪惡之人是指為惡次數超過一定數量的惡徒，還會有另一個問題。假設有個人長期強烈憎恨某個受迫害的少數族群，因而審慎策劃並成功執行一次惡意的自殺炸彈攻擊，奪走了該族群數百個無辜受害者的性命。這個自殺炸彈客只幹了一件邪惡的事，並未超過總和論所指足以成為邪惡之人的門檻。如果你認為這樣的自殺炸彈客可以算是邪惡的人，那麼你就更有理由拒絕支持邪惡人格總和論了。

只要改成使用另一種看法，亦即邪惡之人是指擁有邪惡性格的人，就能避免上述困難。可以這麼說，促使一個人去做邪惡行為的傾向是邪惡性格的核心。根據這個觀點，擁有為惡傾向的人才足以稱為邪惡之人。這麼一來，我們會立即遇到一個問題。每個惡徒必定都要具備做壞事的傾向，至少在某些情況下是如此，因為他們的確做了邪惡的事，若不是具有某個程度的傾向，不會實際採取行動。所以，要是我們嘗試從擁有為惡的傾向去定義邪惡人格，看起來最後的結論會是所有惡徒都是邪惡之人，但這並非我們所樂見。解決辦法很簡單：一個人擁有強烈到足以做出邪惡行為的傾向，才稱得上是邪惡之人。這也是我們看待其他多種常見特性的方式。我們可以兩相比較，想想「易碎」這項特性。易碎是許多花瓶的特性。易碎的花瓶容易在碰觸到堅硬的表面時破裂。薄玻璃或陶瓷製成的花瓶大多易碎，但還有其他許多花瓶不是，像是塑膠花瓶。然而，假如我給你一個塑膠花瓶，告訴你這花瓶不易碎裂，於是你為了試圖證明我說的不對，而將花瓶大力丟到地上、狠狠地踩，或拿鎚子重重敲擊，花瓶終於破成碎片。這麼做完全沒有達到證明花瓶易碎的目的。易碎是指擁有夠強烈的破裂特性，或在碰觸堅硬的表面時特別容易破裂。有些可能在外力介入下破裂的物品，無法在相關的情況下顯露其容易破裂的特性，因此無法稱為易碎。

有了這些認知後，我們可以從性情的角度建構邪惡之人的定義。

著眼於基本性格傾向的邪惡人格論：唯有具備做出邪惡行為的強烈傾向，始能稱作邪惡之人。

這個定義符合「不是所有惡徒都是邪惡的人」的說法，但前提是要假設做過一、兩次邪惡行為的人沒有強烈的為惡傾向。有些人只在非比尋常的狀況下，或是受到刺激而處於極度憤怒的情緒，才做出嚴重錯誤的行為。在熟人的眼中，他們的邪惡行為可能是異常表現，或根本與平時判若兩人。（不過別忘了，只要我們認為他們是做了壞事的惡徒，等於聲稱他們必須因為其所作所為受到責難。如果他們的確做了邪惡行為，即便沒有強烈的傾向，也不足以成為脫罪的藉口。）相對地，有些人的為惡傾向強烈，也就是會在更廣泛的情況下做出邪惡行為、在相同情況下為惡的頻率更高，或主動尋找做壞事的機會。連續殺人犯無疑符合這個描述，還有那些擬定種族屠殺計畫並下令執行的軍方高層也是。這些人做出邪惡之舉並非偶然，為惡的特質存在他們的性格之中。比起為惡傾向薄弱的人，他們的確值得遭受更強烈的道德譴責。

從性格傾向的角度思考邪惡之人的本質，顯然比之前的邪惡人格總和論更有優勢。首先，過去作惡多端的人可能在洗心革面之後成為相當體面的人，擺脫邪惡之人的形象，性格傾向論可以容許這個論點。一個人現階段的性格特質不一定與他在幾年前的行為相符，性格傾向論尊重這個事實。再者，邪惡人格的性格傾向論認同「他生性邪惡才會這麼做」具有合理的結構，足可解釋邪惡行為的發生。換句話說，「他具有做殘暴行為的強烈傾向，才會做出這個殘暴行為」。哲學家伊芙．賈拉德堅信邪惡真實存在，她擔心性格傾向論會是不斷循環的偽解釋，與眾所皆知的嘲諷——鴉片類藥物具有「助眠功效」，所以可讓人入睡——有異曲同工之妙。有別於賈拉德，菲利普．科爾對邪惡是否存在始終抱持懷疑立場，他認為訴諸邪惡人格根本無法解釋什麼。

儘管認為「他生性邪惡才會這麼做」就能完全解釋為惡的原因可能是個錯誤，但我主張這種說法多少可以發揮解釋的效果。此時引用美德論同樣能有所幫助。想想我們對說謊的解釋。假如有人說，「他不老實，所以說謊」，這或許一樣看似自圓其說的偽解釋。要解釋有人說謊，有時最好的方式是直指說謊當下社會環境的特色，而非騙子的獨特性格。簡略來說，身處在那樣的社會情境下，幾乎所有人都有可能說謊。但在其他情況下，有人說謊的這件事，則能從當事人慣性說謊、不重視誠實的美德，以及在這方面顯然有別於其他人等事實獲得部分解釋。在大多數人傾向說真話的情況下，這個人卻選擇說謊，而能解釋此現象的原因，正是他擁有不老實的惡習。當然，這無法完全解釋他為何說謊。完整的解釋應包含說明他起初何以發展出不誠實的性格，但根據受騙上當的被害人所述，的確有些不誠實的人比一般人更常說謊、撒的謊更過分，而說謊成性對他們而言根本不痛不癢。

同樣地，如果擁有為惡的強烈傾向就算邪惡，那在某些（不是全部！）情況下，「他生性邪惡才會這麼做」的主張就能成立，而且有所助益。當然，這不是邪惡行為的全部解釋，但不將性格特徵納入討論的話，任何解釋都不完整。如果有人展現為惡的強烈傾向，我們可以、也應該追問他為何發展出這樣的性格傾向，但這不代表不能將他的性格傾向視為解釋其所作所為的重要原因。想想「山姆之子」大衛．伯克維茲，他在一九七〇年代中期活躍於紐約，為這座城市帶來不少混亂；想想傑佛瑞・丹墨（Jeffrey Dahmer），他的犯案手法是對被害人下藥，殺害後加以肢解，而且保留部分肢體，逐一納入他的恐怖收藏。他們都不是不幸落入不利的情況，被迫必須犯下極端的錯誤，或做出與本性背道而馳的行為。完全不是這樣。伯克維茲和丹墨不斷尋找及創造機會殺害無辜的受害者，並從中獲得莫大的快感。不管以哪種合理的方式評斷，他們都具有強烈的為惡傾向。不是所有惡徒都是邪惡的人，但你願意認同這兩人並不邪惡嗎？

邪惡人格的性格傾向論能提供總和論所欠缺的幾個優勢，因此能獲得好幾位哲學家青睞可說毫不意外。不過，這個論點的確透露出幾個令人意外的意涵。例如，性格傾向論隱約暗示，具有邪惡性格就會成為別人眼中的邪惡分子，即使尚未做出任何邪惡行為也難逃被貼標籤的命運，就只因為尚未找到適合自己的環境。贊成性格傾向論的人通常將此視為正面結果，而非負面後果。假設有個人擁有強烈的傾向去做最道德淪喪的惡行，只是還沒有適當的機會，例如還在蟄伏等待時機的連環殺手。比起許多真正犯下邪惡罪行的人，這種人一旦處在艱困的環境中，為非作歹的傾向更高。他的道德淪喪，值得受到最強烈的譴責，因此，即便他尚未付諸行動，但稱呼他邪惡之人或許並沒有錯。

有些哲學家同意，為惡的強烈傾向是邪惡人格中的必要成分，但他們認為，除了擁有這種強烈的性格傾向，邪惡的人應該還必須具備其他條件。舉例來說，丹尼爾．海布隆（Daniel Haybron）和彼得．布萊恩．貝瑞（Peter Brian Barry）就主張，邪惡之人應與道德崇高者的形象如鏡像般相對。這裡所說的「道德崇高者」不是指體面的一般人，他們雖然整體上受人讚揚，但在許多小地方還是擁有道德瑕疵，而是指每一方面的道德表現都完美無缺的完人，堪稱全方位的道德典範。如果邪惡之人與這種道德楷模完全相反，那麼，邪惡之人會在所有面向都糟糕透頂，不僅有強烈的傾向去做極度錯誤的事，更完全沒有可取之處。

邪惡人格鏡像論：唯有與道德崇高者徹底相反，始能稱作邪惡。

這種說法乍聽之下很吸引人，不過一旦我們試著填入更多細節，這個鏡子的比喻就會立即瓦解。鏡子反射視覺影像，但人並非視覺影像，所以誰可以視為道德崇高者的鏡像，時常沒有答案。以下就來探討這個錯誤比喻會引導出什麼結果。道德崇高者的性格特徵齊全，朝合乎道德的方向發展，毫無疑問能促使他行事端正。他擁有正確、一致且堅定的價值觀，他的反面會是怎樣的形象？意識型態嚴重偏差，性格特徵雖齊全，卻是朝違背道德的方向急馳而去，價值觀堅定但偏離正途？還是全憑衝動行事、以自我為中心的瘋子，性格混亂失序、自相矛盾，沒有穩定一致的價值觀？對於這個問題，鏡子比喻並未提供任何指引。再舉一個例子。道德崇高者明白自己在道德上該怎麼做，永遠依照他正確的道德判斷行事。他的反面形象，會是知道在道德層面上該怎麼做，但總是屈服於誘惑，而與正確的道德判斷背道而馳？還是在道德上永遠做出錯誤判斷，總是在不正確的判斷下做出不正確的行為舉止？鏡子比喻一樣沒有提供我們答案。

縱使這些缺陷惱人難耐，但鏡像論還有更深層的問題。這種說法暗示邪惡之人絕對沒有任何符合道德標準的特質，這個條件等於設下不可思議的限制，而且不切實際。就以希特勒為例。他主動追尋並創造為惡的機會，對完全無辜的被害者造成難以衡量的莫大傷害；他的惡行持續了一段不短的時間；他深受意識型態所驅使，我們根本沒有機會動搖他的心志，讓他回心轉意。希特勒是邪惡之人嗎？根據鏡像論，我們若要回答這個問題，必須先找遍所有歷史文獻，看看他是否做過任何值得讚賞的善行，並從他的性格中找出任何正面特徵。要是我們發現希特勒是暖心的愛狗人士，或他相當注重及重視荒野保護區，或其實他對部屬很和善，那麼，我們就必須判定他並不邪惡。依據鏡像論的定義，我們幾乎可以確定，世上沒有任何人有資格成為邪惡之人。更重要的是，論及希特勒是否應該被視為邪惡之人而受到譴責時，鏡像論反而給人錯誤的印象，讓人覺得他在道德上的可取之處有如至關重要的關鍵。如果你覺得愛狗的希特勒有資格獲得邪惡之人的稱號，你就不應該贊同鏡像論。

哲學家菲利普．科爾以邪惡人格的性格傾向論為基礎，延伸出另一套論述。值得一提的是，科爾本身就認為邪惡並不存在。他指出，世上沒有所謂的邪惡行為，也沒有邪惡之人。然而在這個結論下，科爾必須在論述中告訴我們，一個人必須具備哪些特徵，才能算是邪惡。（無神論者也應肩負起相同的定義責任。既然他們相信世上沒有神，就必須說明他們認為「神」這個詞代表什麼意思。）科爾認為，邪惡之人不只要具備強烈的為惡傾向，願意去做最道德淪喪的錯誤行為，還要具有邪惡天性。這種想法並不陌生，我們最常引用此說法的情況，大概就是談到瘋子的時候，有些人形容瘋子是天生邪惡的表現。需要釐清的是，我們現在所要思考的癥結並非某人天生就邪惡，而是要評估「擁有邪惡天性是成為邪惡之人的條件之一」是否成立。科爾的觀點是，假如某人是邪惡之人，根據定義，他的邪惡一定是與生俱來。為了避免這種說法變成自圓其說式的定義，我們必須單獨說明邪惡之人與生俱來的那項特質，而最理想的選擇，正是本章稍早之前所探討的性格傾向。

天生邪惡論：唯有天生邪惡，使人無可避免地發展出為惡的強烈傾向，始能稱作邪惡。

如此判別一個人是否邪惡行得通嗎？首先需要留意，這種邪惡人格概念幾乎都是用來支持哲學家口中關於邪惡之人的「錯誤理論」（error theory）。思考一下這個類比。根據定義，聖誕老人是指住在北極，聖誕夜時會飛到全世界送小孩禮物的男人。既然世界上沒有這樣的人，聖誕老人理當並不存在。無數小孩誤以為聖誕老人是真實人物，確有其人，但這些小孩全都犯了一個錯誤。同樣地，天生邪惡論的支持者相信，就定義而言，邪惡之人是指天生就邪惡的人，但既然我們知道，所有人的性格深受成長環境所影響，由此可知沒人天生就具備不可改變的邪惡性格，因此我們應該得出一個結論，亦即沒有人真的邪惡。這種看法時常與道德論證結合，大意是認為有人天生就邪惡是很糟糕的歧視和偏見，因此結論必定是沒人天生邪惡。有時這個定義也隱約透露，天生邪惡的人完全沒有機會變成好人，因此大眾不應要求邪惡的人對自己的邪惡行為承擔責任。不過，由於這種定義的支持者確信，沒人從出生就擁有完全無法改變的性格，因此通常會將這些其他外加的論述視為多餘。

邪惡之人必定天生就邪惡，可說是相當普遍的想法。學界擔憂從邪惡與否的角度思考可能引發道德危機時，這種想法時常就在人們的思維中蠢蠢欲動。要是我們假設所有做出嚴重錯誤行為的人就是邪惡，而且邪惡之人天生就邪惡，是基因驅使他凌虐或殺害別人，最終我們可能就會落入某種宿命論。如果小孩子生下來就邪惡，那麼孩子的行為出現問題時，嘗試矯正他們的道德品格有何意義？直接認定這些人一無是處，或許還比較好。但放棄問題兒童在道德上說不過去，因此，儘管社會需要進步，但是否使用邪惡的概念來評斷人格，終究使社會陷入兩難的拉扯之中。

這些擔憂並非無法理解，但我認為，我們應該抵抗這種思維。就算「天生邪惡」的邪惡之人定義正確無誤，但這無法說明，從邪惡與否的角度思考就一定會發展成我們不樂見的宿命論。誠如前文所述，判斷某人是否做出邪惡行為、某人是否為邪惡之人，兩者之間的差異甚大。所有針對邪惡行為提出定義的哲學家都同意，並非所有惡徒都是邪惡之人。他們傾向認為，即便世上真有邪惡之人，也會相對稀少。稱某個行為邪惡，等於使用最強烈的字詞表達對該行為的道德譴責，並認為行凶者應負起責任，但這並未暗示行為者是邪惡之人，更別說行為者天生具有無法改變的性格。想想那些歷經納粹大屠殺而有幸存活下來的人，普利摩．李維（Primo Levi）就是其中一人。他們聲稱在集中營遭到邪惡的對待。他們是否都理所當然地認為，所有集中營警衛天性本就邪惡，理所當然會做出邪惡的事？這些倖存者是否認為，一九三〇年德國的社會條件並非促成大屠殺的因素，反而是那些殺人凶手天性本惡，無論如何都會痛下毒手？不管哪一種說法，答案絕對都是否定的。許多人使用「邪惡」一詞，但主要用來形容行為，形容人的情況遠遠較少，而且他們並未預設，每一個惡徒只會走上為惡的道路，沒有其他發展可能。甚至在他們的判斷下，許多行為可能邪惡，但**沒有人**是邪惡之人。

老實說，我們不知道是否有些人天生的基因必然發展出這種性格。不同證據指出的結論大相逕庭。有些孩子從小就展現冷酷無情、冷漠待人的特質，而且他們的行為發展軌跡很難改變，儘管我們投入最大的心力，還是時常失敗收場。

這種現象可以支持以下觀點：至少有些人擁有強烈的為惡傾向，勢必長成激進的為惡者。然而，某些與極端暴力行為相關的基因，包括單胺氧化酶A型基因（monoamine oxidase A genes），似乎不是導致暴力行為必然發生的成因。有了這些基因之外，似乎還要**結合特定的環境條件**，才會使人發展出激進的反社會行為。

不管哪種說法，就定義而論，邪惡之人是否都是天生邪惡的論戰，並未促使社會從這些實證的角度去探究一個人的成長究竟是有各種可能，還是一出生就注定只能朝特定的命運走去。從一開始，我們就沒有任何正當理由去接受這種邪惡人格定義。如果邪惡是與生俱來的天性，那麼，一邊認定某人是邪惡之人，同時又繼續爭論是哪些人生經歷導致他變成如此，就顯得毫無道理。然而，當我們思考希特勒這類例子，許多人的確都同意他是邪惡之人，但也不約而同地繼續追究，究竟在他的一生中，是哪些經驗促使他走向邪惡。因為在第一次世界大戰期間經歷過毒氣煉獄，所以希特勒才變邪惡？是因為以前躲在戰壕內的經歷引發了創傷後壓力症候群？還是小時候曾遭父親毒打，羞辱式的管教導致他性情大變？這些論點各有支持者。重點不在於哪種解釋正確（如果真有正確解釋的話），而是探討哪些環境條件使希特勒變成邪惡之人有其道理。從定義上來說，爭辯哪些人生經歷讓希特勒走上邪惡之路的同時，等於放棄了所有邪惡之人都是天生如此的假設。從此可以明顯得知，天生邪惡論對邪惡之人的定義並不正確。

談到邪惡之人的天性時，我認為鏡像論和天生邪惡論都不該是最終選擇。或許我們應該回過頭去考慮之前談到的基本性格傾向。這個論點認為，一個人唯有具備為惡的強烈傾向，才能稱為邪惡之人，舉凡是否同時擁有少數良善的特徵和極端的人格瑕疵，或如何發展出為惡的性格傾向，都不在考量範圍內。在這種定義下，不是所有惡徒都是邪惡的人，但希特勒和約翰・韋恩・蓋西之類的人的確可算是邪惡之人，理由是他們擁有特別強烈的為惡傾向。儘管這套論述在許多方面都很吸引人，但我認為還需要加入一項額外條件。思考一下，當譴責從「他的行為很邪惡」變成更極端的「他這個人很邪惡」，言語之間不僅傳達出所指的對象極度危險，一有機會可能就會做出可怕的不當行為，更暗示我們不該試著和這種人理論或嘗試教化。直指一個人很邪惡，表示這個人已超出我們的能力所及範圍，毫無挽救的可能。

邪惡的人應永久受到管束及懲罰，或甚至消滅。小布希總統以「邪惡」稱呼九一一恐怖分子時，其實就在暗示我們不該期望那樣的人可以在其他人的說服下放棄想做的事。我們不該秉持同理心來對待邪惡之人，也不該奢望能透過交際手段使其順從，或試圖重新教化他們，而是要以暴制暴。相較之下，有人主張琳迪·英格蘭在阿布格萊布的虐囚行為縱使邪惡，但她並非邪惡之人。這樣的主張透露出她並非一有機會就永遠會繼續犯錯，還有洗心革面的希望。

有鑑於此，我建議一個人必須具備強烈且極度定型的為惡傾向，才能稱為邪惡之人，也就是說，身旁的其他人都無法改變這種傾向，而且無論如何，這樣的性格傾向預期會持續存在。

性格傾向定型論：唯有具備為惡的強烈傾向，而且這個性格無比堅定，抹滅了身而為人的存在價值，這樣的人才能稱作邪惡之人。

討論至此，細心的讀者或許會懷疑我自打嘴巴。之前談到，邪惡之人應定義為天生邪惡或與生俱來就擁有邪惡性格的人，那時我拒絕採用這種說法，但此時我卻主張，邪惡之人擁有高度定型的道德品格。這兩種主張可能看似相同，但仔細探究後會發現，兩者之間有個重要的差異。現在我主張的是，邪惡之人具有為惡的強烈傾向，該傾向不管現在或未來都難以改變，而不是邪惡之人一輩子隨時都擁有這種性格，更別說是基因使然，邪惡之人注定要發展出這種性格傾向。許多心理和行為傾向並非先天如此，而是偶然經驗和學習的產物，有些後天習得的性格傾向反而根深柢固，再久都不會變。理解基本英文句子或騎腳踏車的能力，都屬於這種類型，但這兩種能力都不是與生俱來。不管你在怎樣的環境下長大，這些都不是你早就必然擁有的能力，不過一旦擁有，這些能力就極難撼動。亞里斯多德認為，勇氣、正義和慷慨等美德都不是人類的天性，必須透過學習獲得，但他相信，一旦受過適當的教育，美德就會成為第二天性，進而深深紮根在人的身上。相較於指稱某項特徵是與生俱來，深植於基因之中，主張某項特徵已高度定型，難以根除，顯然有其差別。我的主張是，後者這種類型的性格傾向是讓人足以稱為邪惡的必要條件，而非前者。

如果這種邪惡人格的定義正確，懷疑論者擔心使用邪惡概念來論斷任何人，會阻礙我們與行凶者的溝通，致使我們捨棄交際手段而贊成直接滅絕、將每個鑄下大錯的人視為毫無希望的人，這樣的擔憂即可令人理解。要是真有邪惡之人，我們不會對他抱有任何務實的希望，期待他洗心革面。對他最好的處置方式，就是限制其行動，盡可能降低他引發混亂的能力。這是賭注極大的判斷，這種判斷時常造成無以挽回的結果。因此，我們應該極其謹慎，別急著對做錯事的人扣上邪惡之人的高帽。我們應該自問是否取得有力證據，證明這些惡徒完全無法教化，超出我們挽救的能力範圍。大多時候，儘管我們或許會譴責某些行為無比邪惡，但我們也應承認，我們其實不知道行凶者是否邪惡，因為我們不曉得他們是否完全無法教化。就這方面而言，我認同懷疑論者的觀點。許多人輕率地譴責別人邪惡，而事實上，我們不該將他人視為毫無價值的存在。但如同我先前所述，判定某人做了邪惡的事，本身並未傳達這些意味。就某行為予以譴責並呼籲行凶者負起責任，並未暗示行凶者一無是處。許多惡徒沒有堅定不移的性格，驅使他們尋覓機會犯下最天理不容的惡行。許多惡徒最後反而懊悔不已，不少人更接受道德教化，洗心革面。懷疑論者揭示了很好的理由，告訴我們應該非常謹慎地評判一個人是否邪惡，但他們並未說服我們應該完全停止使用「邪惡」這個概念。

第六章

你邪惡嗎？有人是邪惡的嗎？

前面幾章，我們不斷嘗試釐清邪惡行為的構成條件，試著找到邪惡之人的最佳定義。在最後這章短短的篇幅中，我想把討論的重點聚焦在你身上。你是潛在的惡徒嗎？更壞的情況是，你有可能是邪惡的人嗎？聽到這些問題，我們很容易就斷然否決。評價自己時，大部分的人都自稱擁有相當強烈的道德感，不過難免會有一些缺點。只有缺乏道德感、沒有良知的人會做出極端的錯誤行為，我們這種正派的人不會。儘管如此，許多人承認，要是處於極大的脅迫之下，原本堅決捍衛的道德底線可能就會潰散，我們可能就會對他人施以嚴重傷害。假如我們受到威脅或勒索，假如我們飢餓不已、渴望吃一口食物，假如我們遭受錯誤指控而落入冤獄，假如家人的生命危在旦夕，我們都可能使用暴力，達成所要的目的。但這些使人絕望的情況通常會成為減輕應負責任的斟酌條件。要是你落入這些情況而不得不做出踰越道德的行為，你不必為自己的所作所為承擔全部責任，誠如我們先前所確定，根據定義，須由行為人承受所有責任的極端過錯，才算邪惡行為。因此，身處特殊情況之下而出現傷害他人的傾向，且該情況足以構成脫罪條件，這個事實並非暗示你是伺機而動的惡徒或邪惡之人。然而，相關的討論中還有一個更令人擔憂的潛在難題。一九六〇年代，心理學家史丹利・米爾格蘭（Stanley Milgram）做了一連串極具突破的實驗，測試我們服從權威人物的傾向。實驗結果令人驚喜也使人震驚。米爾格蘭發現，大多數人即便未處於絕望的狀況，也傾向對其他人施加可怕的傷害。

如果你登記參加米爾格蘭的服從實驗，實際的實驗過程如下。當你依指示抵達大學內的教室時，身穿實驗袍的科學家會告訴你，你即將參與的實驗是要測試懲罰是否對學習產生正面影響（這是刻意捏造的假資訊）。科學家會隨機指派你擔任「教師」的角色，並告知你會有另一名參加者扮演「學生」。你會看見工作人員將學生固定在椅子上，並在他身上裝設電極。接著，科學家會帶你進入另一個房間，請你坐在有著一長排電源開關的機器前，那些開關從最低的四十五伏特開始標示，一路遞增到四百五十伏特。科學家會讓你親自體驗一次低電壓電擊的感覺，讓你瞭解實際的疼痛程度，接著向你解釋實驗設計中的學習流程。你在實驗中擔任教師的角色，工作是向學生朗誦字詞組，測試學生的記憶力。待在另一個房間內的學生每犯錯一次，你就必須按下一個開關，以電擊的形式處罰學生。每次處罰後，下次就得使用更高一階的電壓。實驗過程中，要是你對自己的所作所為表現出懷疑的態度，或你明確表示想要確認學生的狀況，科學家會告訴你，這些電擊不會對學生造成長期傷害，你必須依規定繼續完成實驗。如果你不斷表達想要停止的決心，科學家會允許你在任何階段停止實驗。

這個實驗光聽就讓人很不好受。即使是溫和的電擊還是會痛。隨著電力越來越強，電擊不僅造成難以忍受的疼痛，更會危及生命。你不是那種願意讓無辜陌生人承受痛苦電擊，甚至可能因此喪命的人，對吧？事前設想這個情境時，大部分的人都表示不會遵照實驗的指示行事，尤其在聽到隔壁房間的學生發出痛苦的喊叫聲、乞求工作人員解開束帶的時候，就不會讓實驗繼續下去。當然，我們都具有同情心，關心學生的身體狀況，而且不希望學生承受疼痛的感覺。當然，我們擁有足夠的勇氣，可以勇敢拒絕科學家的要求，畢竟科學家並未以任何形式威脅我們，我們也不必為此付出任何代價。科學家只是告知我們必須繼續實驗，僅此而已。

米爾格蘭從實驗中發現一個可怕的現象，那就是大多數人在聽見學生的喊叫聲及乞求聲後，還會繼續施以電擊懲罰。（米爾格蘭的實驗並未真正電擊任何人，學生是由工作人員扮演，而教師在隔壁房間聽見的叫聲雖然是演戲效果，但聽起來相當逼真，足以騙過大部分的參與者。）米爾格蘭的實驗數據顯示，百分之六十五的參與者在痛苦的學生停止喊叫後，依然持續按下電擊按鈕，並一路按到最強的電壓（四百五十伏特）才罷手。他們並非興高采烈地依照科學家的指示，享受施虐的快感，過程中也不是完全保持沉著冷靜。相反地，參與者大多流露出擔憂的神情，在聽到隔壁房間的喊叫聲後，也會關心學生的狀況，並對整個實驗程序是否合理表達質疑，但他們依然遵從指示繼續進行實驗。雖然心裡明白應該立刻喊停，但他們似乎都選擇了順從。在此實驗中，大部分人表現出高度服從的特質，寧願背棄原有的價值觀，一直到他們以為自己殺死了人才不再按下電擊按鈕，或至少凌虐到學生失去意識為止。

讀到這裡，你或許暗自心想：「我很有良心，不會這麼做。我很快就會拒絕遵從實驗指示。」恐怖的事實是，大部分的人都這樣跟自己說，但還是依實驗指示電擊學生。此實驗已針對多種不同的群體反覆進行多次，而選擇順從的比例變化不大。當權威者告訴你有個不認識的陌生人即將接受記憶考驗，一旦他犯錯，你就必須懲處他，你有很高的機率也會像實驗的參與者一樣，把一個無辜的陌生人電死。這件事嚴重違反道德，你會用什麼藉口來幫自己辯護？穿白袍的人叫你做的？紐倫堡大審中納粹戰犯的說詞「我只是聽命行事」受到社會大眾奚落，沒道理放到這個實驗中就成了可以接受的理由。收到明顯違反道德的命令，本就不應服從命令。在這些情況下把一個人電死等同犯下滔天大禍，絕對足以稱為邪惡，相信這個結論很容易使人信服。最後的結果是，你和我在米爾格蘭設計的情境下，都極有可能犯下邪惡罪行。

這無疑敲響一記警鐘。有些人可能會趕緊回過頭去翻出邪惡的定義，指出行為人必須帶有惡意或在施虐的過程中獲得愉悅感，其所作所為才算邪惡。由於米爾格蘭實驗的受測者對學生並無惡意，也並未因為學生疼痛不已而獲得虐待他人的快感，因此他們的行為並不邪惡，至少根據這些較狹隘的定義是如此。然而如同我們所見，這些較狹隘的定義有其代價。在這些定義下，沒有惡意的「案牘殺人犯」並不邪惡。如果你認同，沒有惡意但的確促成種族滅絕而應受到譴責的種種作為應歸類為邪惡行為，你就應該堅守較廣泛、涵蓋範圍較大的定義。哲學家約翰．陶勒斯（John Doris）就主張，米爾格蘭的實驗已提供清楚的證據，足可證明沒有人（或幾乎沒有任何人）符合道德崇高的標準，沒辦法達到亞里斯多德所認為的健全良善品格，在多種環境中都能傾向正當行事。好幾位哲學家反對陶勒斯的悲觀看法，他們提出的理由不一，但都積極淡化我們未能通過米爾格蘭試驗的事實。有些人指稱，大部分人都會服從這類命令，因此科學家在實驗中所施加的溫和壓力可以構成減輕責任的理由，我們在這些情況下的所作所為並非真的該受苛責。有些人認為，米爾格蘭實驗的大多數受測者對於自己的作為感到難過，終究還是有品德的人。有些人則主張，米爾格蘭設定的情境在真實世界中日益稀少，一般人在重大情況下不會傾向做出極端的錯誤舉止。聽到以上這些回應，相信你我都未因此感到欣慰。

收到我們明知會違反道德的指令，我們傾向聽命行事，關於這點，至少還有一些好消息。米爾格蘭發現，一旦房間內有人挺身抵抗科學家的指令，或提議應該出去查看學生的身體狀況，大多數人就會很快選擇停止電擊。我們害怕尷尬，在其他人似乎都知道自己在做什麼的場合中，我們害怕當那個提出意見的人。不服從權威者本身並不困難，困難的是**在其他人未提出異議的情況下違逆權威者**。但別高興得太早。事實上，群體一致從事某種行為時，個體就有順從的強烈傾向，即便群體中沒有權威人物也一樣。雖然米爾格蘭的實驗情境在真實世界中少之又少，但一群人共同犯下極端的錯誤並不罕見，包括迫害弱勢族群。許多人容易違背自己較正確的判斷，屈服於群體行為，因為我們都不希望當不合群的人。面對權威和處於向心力強的群體中時，我們的個人意志往往會驚人地薄弱。如果想要避免做出邪惡的事，我們必須在處於這類情況時自我警惕，注意自己的行為。我們必須願意主動發聲，不怕與別人不同。

當我們的道德判斷不準確，或誤信有人應該被傷害或甚至消滅時，我們也會有可能踏上邪惡的不歸路。一旦我們深陷某種將無辜對象妖魔化的意識型態，就有可能發生這種結果，像是在意識型態的牽引下認定叛教者就該命喪亂石之下，或聯邦政府的職員理應遭受炸彈轟炸，或性工作者應該以付出生命作為懲罰。許多人可能進入具有報復意味或自以為是的憤怒狀態，衝動地攻擊他人。我們同樣也相當容易做出錯誤判斷，卻堅定不移地相信自己的理性決定不會出錯，而在冷酷、冷靜、鎮定的情緒下做出極度悖德的行為。那該如何避免遭受錯誤道德世界觀的蒙蔽？沒有簡單的答案。反思、對話、設想與他人的互動，都是調整道德判斷的實用手段。我們無法、也不該斷然停止所有的道德判斷，而是必須從全面而透徹的角度，以相關證據為根據設法做出正確的道德判斷。

我在前文指出，一般人擁有超過自己願意承認的為惡能力。如果這是事實，是否就暗示大多數人都是邪惡之人？根據我在第五章所提出的定義，邪惡之人必須具備強烈且極度定型的為惡性格傾向，而且毫無教化可能。我們有兩個理由懷疑「大多數人都是邪惡之人」的主張。其一，一般人沒有特別強烈的為惡傾向，至少在大部分情況下是如此。儘管大部分人在承受壓力的情形下容易做出糟糕的錯誤行為，但一般人不會主動追求邪惡行徑，也不會在受到極為輕微的挑釁就突然擁抱邪惡。不該認定大多數一般人都很邪惡的第二個理由，在於為惡傾向無法改變的說法並沒有穩健的根據。對於犯下惡行的一般人，我們不應全盤否定他們的價值，因為他們可以明白自己做了錯誤的事、產生悔意、從錯誤中學習，並決意不再掉入同樣的陷阱。只要能提高對權威人物和群體行為的意識，我們可以保護自己免於同流合污。我們可以改進。

有些哲學家熱切相信人類擁有學習及改進的能力，駁斥任何人都是邪惡之人的想法，例如菲利普·科爾就主張，所有犯錯的人都能補救，沒有人應該被當成毫無希望的人對待。這種情操在某些方面著實令人欽佩。遇見做出駭人之舉的人時，我們的確應該希望他的性格尚未嚴重定型，不管在什麼情況下都不會繼續做出類似的事。當士兵出於虐待他人的快感而凌虐敵方的戰俘，我們應該希望這位士兵不會總是如此殘暴對待他認定為敵的人。我們應該鼓勵這位士兵誠摯懺悔、勇於道歉、洗心革面，蛻變成不再以凌虐為樂的人。我們應該尋找他已改頭換面的證據，將這類證據納為評估其性格和未來展望的參考。當青少年犯下可怕的謀殺案，我們不應馬上斷定他的體內流著殺人犯的血、時時都可能會對周遭的人不利，應該在牢獄中度過餘生。反之，我們應該希望他能逃離促使他鑄下大錯的交友圈，期望他品格較好的一面可以受到栽培，使他不再是別人生活中的危險因子。

抱持以上期許可謂合情合理，我們應該做好準備，好好回應這些願望即將成真的證據。然而，一口咬定沒有邪惡之人，相信任何人的存在價值都不該遭到否決，我認為這樣的理念有其風險。有些惡徒明顯表現出不思悔改的德性，依然有強烈傾向去從事罪大惡極的行為，而且極力抗拒我們引導他們接受道德教化的最大努力。意識型態根深柢固的戰犯有時會顯露出這些表徵，即便他們已經被捕並接受審判，仍堅持自己無罪，堅信自己的所作所為正確無誤。頑強反抗的特質，在某些連續殺人犯的身上甚至表現得更加清楚，像是持續犯罪好幾年，甚至好幾十年。

一九七七年，泰德・邦迪在犯下一連串的綁架、強暴及謀殺案後，因綁票罪行鋃鐺入獄。他從科羅拉多州的法院逃跑，逃亡六天後再次落網。但當他回到監獄，便馬上策劃下一次的逃獄計畫。他刻意挨餓減重，在牢房的天花板鋸開一個洞，成功鑽了出去。再次重獲自由後，邦迪先是逃到芝加哥，後來跑到佛羅里達，之後很快就又重操舊業，綁架並殺害了多名女性。他只在法官宣判他有罪後承認對罪行的責任。他對自己的行為有任何懺悔之意嗎？看起來沒有。邦迪在一九八一年表示，「我不受愧疚感所困擾，大概有不少人羨慕我。」他無疑擁有強烈的為惡傾向，才會犯下最令人憎惡的罪行。泰德・邦迪有可能改邪歸正嗎？他還有救嗎？我們有可能幫助他變成好人嗎？癡心妄想不一定是非理性的病態表現，但在這個案例中，我覺得是。邦迪一次又一次地用實際行為展現了他的本性。即便全世界都否定他的生命價值，他也是罪有應得。他不只是惡徒，更是邪惡之人。

有些惡徒具有悔意，但他們的行為反覆顯露他們桀驁不馴的性情。如果我們能從多起駭人的天主教會神父性侵案中瞭解到什麼，那就是在決定是否該信任那些懇切告解、表達悔意並懇求原諒的人時，應該極度謹慎。無論惡徒是否自認有罪，並已改過向善，踏上通往救贖的道路，有些人似乎就是一心一意往邪惡靠攏。對於這些案例，最好的做法是懲罰行凶者，盡可能降低他們對其他人造成的威脅，而不是一味地把他們視為需要大眾接納和愛的迷途羔羊。

部分惡徒的確有可能真心悔改，洗心革面，但旁觀者在真正遇到這樣的案例時，可能很難分辨。一九七六年，傑克・安特維格（Jack Unterweger）因勒死十八歲的瑪格麗特・希弗（Margaret Schafer）在奧地利入獄。服刑期間，他似乎歷經了道德重生，不僅寫了自傳，也在其他著作中詳細說明他改過向善的過程。他的刑事案件引發社會廣泛關注，小說家、藝術家和政治運動人士紛紛遊說政府將他釋放。一九九〇年出獄後，安特維格持續經營他的媒體形象，除了主持電視節目，也在奧地利公共廣播體系服務。他甚至以記者的身分參訪洛杉磯，受託以美國犯罪和性交易為題撰寫報導。可惜的是，安特維格高調的「洗白」只是他精心策劃的詭計。出獄後，他又殺害了十一名女性，包括在洛杉磯殺了三個。一九九二年，他再度入獄，並於一九九四年被判處無期徒刑，不得假釋。判決當晚，他在牢房內自縊身亡，而繩索打結的方式就是他勒死被害人所用的結法。安特維格和邦迪一樣，最終都給了我們很好的理由，去相信他毫無悔過的可能。他成功說服了許多人相信他已改頭換面，變成好人，但事實上，他一直到死亡的那一刻，都是邪惡之人。

參考文獻

第一章：邪惡的哲學難題

- 路德維希・維根斯坦（Ludwig Wittgenstein）的那段話出自他一九五三年的著作：*Philosophical Investigations,* trans. G. E. Anscombe, Oxford: Basil Blackwell, section 593。
- 費莉西亞・珊德絲（Felicia Sanders）對迪倫・魯夫（Dylann Roof）的評論引用自凱文・蘇利文（Kevin Sullivan）的報導：'"Evil, evil, evil as can be": emotional testimony as Dylann Roof trial begins', *The Washington Post,* 7 December 2016. <https://www.washingtonpost.com/news/postnation/wp/2016/12/07/as-dylann-roof-trial-begins-prosecutordescribes-each-victims-life-and-how-they-died/>。
- 珍娜・克里斯蒂安森（Janne Kristiansen）對布列維克（Breivik）的評價引用自卡爾・李特爾（Karl Ritter）和伊恩・麥道卡爾（Ian MacDougall）的報導：'Police to question mass killer Breivik again', *The Independent*, 28 July 2011. <https://www.independent.co.uk/news/world/europe/police-to-question-mass-

killerbreivik-again-2327510.html>。

- 美國前總統歐巴馬的說法可見朱利安・博格（Julian Borger）和派翠克・溫圖爾（Patrick Wintour）的報導：‘Obama vows to destroy Isis's “brand of evil” as Iraq requests help from Britain’, *The Guardian,* 25 September 2014. <https://www.theguardian.com/world/2014/sep/24/obama-isisbrand-of-evil-uk-air-strikes-iraq>。
- 美國前總統川普的評論引用自彼得・博蒙特（Peter Beaumont）的報導：‘Donald Trump says “evil losers” were behind Manchester attack’, *The Guardian,* 23 May 2017. <https://www.theguardian.com/usnews/2017/may/23/donald-trump-evil-losers-manchester-attack>。
- 英國前首相布萊爾（Tony Blair）的回應出自麥可・懷特（Michael White）、艾倫・崔維斯（Alan Travis）和當肯・坎貝爾（Duncan Campbell）的報導：‘Blair: uproot this ideology of evil’, *The Guardian,* 14 July 2005. <https://www.theguardian.com/politics/2005/jul/14/religion.july7>。
- 英國前首相卡麥隆（David Cameron）的言論出自他二〇一五年十一月二十二

日發表於《每日電訊報》（*The Telegraph*）的文章：‘David Cameron: we will defeat terrorism, and the poisonous ideology that fuels it’. <https://www.telegraph.co.uk/news/uknews/defence/12010788/David-Cameron-We-will-defeat-terrorism-and-thepoisonous-ideology-that-fuels-it.html>.

- 波莉・尼爾森（Polly Nelson）的言論出自她的著作：*Defending the Devil: My Story as Ted Bundy's Last Lawyer,* New York: William Morrow, 1994。
- 媒體對米拉・韓德麗（Myra Hindley）的評論出自以下報導：‘Hindley: I wish I'd been hanged’, *BBC News,* 29 February 2000. <http://news.bbc.co.uk/2/hi/uk_news/661139.stm>。
- 漢娜・鄂蘭（Hannah Arendt）對邪惡平庸性的看法出自：*Eichmann in Jerusalem,* New York: Penguin, 2006。
- 克里斯多福・希鈞斯（Christopher Hitchens）對邪惡的看法出自他的文章：‘Evil’, *Slate,* 31 December 2002. <https://slate.com/news-and-politics/2002/12/the-necessity-of-evil.html>。

第二章：邪惡行為引發的震驚與無法理解

- 伊莉莎白・華倫（Elizabeth Warren）於二〇一九年四月二十一日在推特上發表個人評論。

第三章：邪惡行為的心理特徵

- 鄂蘭對根本之惡的看法引用自她的著作：*The Origins of Totalitarianism*, London: Allen and Unwin, 1967, p. 459。
- 約翰・凱吉斯（John Kekes）的觀點出自：*The Roots of Evil*, Ithaca, NY: Cornell University Press, 2005, p. 2。
- 弗萊德・奧爾福德（Fred Alford）的受刑人訪談內容出自他的著作：*What Evil Means to Us*, Ithaca, NY: Cornell University Press, 1997。
- 羅伊・佩雷特（Roy Perrett）在他的論文中討論奧爾福德的研究：'Evil and human nature', *The Monist*, 85.2 (2002), p. 306。

- 希姆萊（Himmler）的演講內容引用自以下著作：Jonathan Bennett, 'The conscience of Huckleberry Finn', *Philosophy,* 49.188 (1974), p. 128。
- 引用部分出自約翰・彌爾頓（John Milton）史詩《失樂園》（*Paradise Lost*）第一卷第一百五十九至一百六十二行。
- 引用奧古斯丁（Augustine）《懺悔錄》（*Confessions*）的部分出自第二卷第四節。
- 克里福・奧森（Clifford Olsen）的說詞引用自麥可・史東（Michael Stone）的著作：*The Anatomy of Evil,* New York: Prometheus Books, 2009, p. 350。

第四章：邪惡的平庸性

- 引述自鄂蘭一九五一年著作的部分出自其一九六七年再版的版本：*The Origins of Totalitarianism*, London: Allen and Unwin, p. 459。
- 引述自鄂蘭一九六一年著作的部分出自其二〇〇六年再版的版本：*Eichmann in Jerusalem,* New York: Penguin, pp. 276, 276, 287–8, 288, and 252。

- 稍後鄂蘭把邪惡比喻為真菌的言論引用自：*The Jew as Pariah,* New York: Grove, 1978, p. 251。
- 艾希曼的無罪答辯內容可參閱伊莎貝爾・柯許娜（Isabel Kershner）的報導：'Pardon plea by Adolf Eichmann, Nazi war criminal, is made public', *The New York Times*, 27 January 2016。
- 沃德・邱吉爾（Ward Churchill）對「小艾希曼」的說法可參閱：*On the Justice of Roosting Chickens: Reflections on the Consequences of U. S. Imperial Arrogance and Criminality,* New York: AK Press, 2003。
- 羅恩・羅森邦（Ron Rosenbaum）的看法出自他的文章：'The evil of banality', *Slate*, 30 October 2009. <www.slate.com/articles/life/the_spectator/2009/10/the_evil_of_banality.html>。
- 艾希曼的說詞可見於大衛・塞薩拉尼（David Cesarani）的著作：*Becoming Eichmann: Rethinking the Life, Crimes, and Trial of a 'Desk Murderer'*, London: De Capo Press, 2004, pp. 300 and 360, respectively。

- 克勞蒂亞・卡德（Claudia Card）的看法出自她的著作：*The Atrocity Paradigm*, New York: Oxford University Press, 2002, pp. 9 and 3。

第六章：你邪惡嗎？有人是邪惡的嗎？

- 泰德・邦迪（Ted Bundy）的那句話引用自史蒂芬・米秀（Stephen Michaud）和修・安斯沃斯（Hugh Aynesworth）合寫的著作：*The Only Living Witness: The True Story of Serial Sex Killer Ted Bundy*, Irving, TX: Authorlink Press, 1999, p. 281。

延伸閱讀

- 對於一般德國人的動機，歷史學家的爭論可見於以下著作：

Daniel Goldhagen (1997), *Hitler's Willing Executioners: Ordinary Germans and the Holocaust,* New York: Random House.

Christopher Browning (1998), *Ordinary Men: Reserve Police Battalion 101 and the Final Solution in Poland,* New York: HarperCollins.

- 如要瞭解哲學家對於邪惡在本質上與一般過錯不同的論述，可參閱以下文章：

Todd Calder (2013), 'Is evil very wrong?', *Philosophical Studies,* 163: 177–96.

Stephen de Wijze (2002), 'Defining evil: Insights from the problem of "dirty hands" ', *The Monist,* 85.2: 210–38.

Eve Garrard (1998), 'The nature of evil', *Philosophical Explorations,* 1: 43–60.

Daniel Haybron (2002), 'Moral monsters and moral saints', *The Monist,* 85.2: 260–84.

Luke Russell (2007), 'Is evil action qualitatively distinct from ordinary wrongdoing?', *Australasian Journal of Philosophy*, 85: 659–77.

- 將邪惡行為與震驚感受連結的哲學家包括：

Stephen de Wijze (2002), 'Defining evil: Insights from the problem of "dirty hands" ', *The Monist,* 85.2: 210–38.

Marcus Singer (2004), 'The concept of evil', *Philosophy,* 79: 185–214.

- 關於邪惡與「無法理解」之間的關聯，可參閱以下思想家的著作：

Simon Baron-Cohen (2011), *Zero Degrees of Empathy*, London: Penguin.

Adam Morton (2004), *On Evil,* New York: Routledge.

Luke Russell (2012), 'Evil and incomprehensibility', *Midwest Studies in Philosophy,* 36: 62–73.

- 以下哲學家認為惡意是構成邪惡行為的必要條件：

Laurence Thomas (1993), Vessels of Evil: Slavery and the Holocaust, *Philadelphia:*

Temple University Press, see p. 76.

Manuel Vargas (2010), 'Are psychopathic serial killers evil? Are they blameworthy for what they do?', in S. Waller (ed.), *Serial Killers—Philosophy for Everyone: Being and Killing,* pp. 66–77, Oxford: Wiley-Blackwell, see p. 75.

- 以下哲學家認為施虐的快感是構成邪惡行為的必要條件：

Roy Perrett (2002), 'Evil and human nature', *TheMonist,* 85.2: 304–19.

Hillel Steiner (2002), 'Calibrating evil', *The Monist,* 85: 183–93.

- 以下哲學家認為違抗意識是構成邪惡行為的必要條件：

Roy Perrett (2002), 'Evil and human nature', *The Monist,* 85.2: 304–19.

Marcus Singer (2004), 'The concept of evil', *Philosophy,* 79: 185–214.

- 賈拉德（Garrard）從漠然無視的角度闡釋邪惡，其相關說法可參閱：Eve Garrard (1998), 'The nature of evil', *Philosophical Explorations*, 1: 43–60。

- 莫頓（Morton）對邪惡的看法出自他的著作：Adam Morton (2004), *On Evil,* New York: Routledge。
- 鄂蘭對艾希曼的分析出自她的著作：Hannah Arendt (2006), *Eichmann in Jerusalem,* New York: Penguin。
- 以下著作反對鄂蘭對艾希曼的主張：

  David Cesarani (2004), *Becoming Eichmann: Rethinking the Life, Crimes, and Trial of a 'Desk Murderer',* London: De Capo Press.

  Bettina Stangneth (2014), *Eichmann before Jerusalem*, New York: Vintage.
- 多位哲學家贊同邪惡行為可能源於非常廣泛的不同動機，包括：

  Todd Calder (2002), 'Towards a theory of evil acts: A critique of Laurence Thomas's theory of evil acts', in Daniel Haybron (ed.), *Earth's Abominations: Philosophical Studies of Evil,* pp. 51–61, New York: Rodopi.

Claudia Card (2002), The Atrocity Paradigm, New York: Oxford University Press.

Paul Formosa (2008), ‘A conception of evil’, *The Journal of Value Inquiry*, 42: 217–39.

Susan Neiman (2003), *Evil in Modern Thought,* Melbourne: Scribe.

Luke Russell (2014), *Evil: A Philosophical Investigation,* Oxford: Oxford University Press.

- 質疑邪惡概念是否有用的思想家包括：

Simon Baron-Cohen (2011), *Zero Degrees of Empathy*, London: Penguin.

Inga Clendinnen (1998), *Reading the Holocaust,* Melbourne: Text Publishing.

Phillip Cole (2006), *The Myth of Evi*l, Edinburgh: University of Edinburgh Press.

- 羅麥斯（Lomax）在自傳中述說自己的人生經歷：

Eric Lomax (1995), *Railway Man*, New York: Vintage.

- 如要從總和模式和性格傾向等角度瞭解邪惡人格，可參閱：Luke Russell (2010), 'Dispositional accounts of evil personhood', *Philosophical Studies,* 149: 231–50。

- 以下著作認同邪惡之人是道德崇高者的反面：

  Peter Brian Barry (2011), 'In defense of the mirror thesis', *Philosophical Studies,* 155: 199–205.

  Daniel Haybron (2002), 'Moral monsters and moral saints', *The Monist,* 85.2: 260–84.

- 李維（Levi）在他的著作中描述自己遭納粹拘留的經歷：

  Primo Levi (1989), *The Drowned and the Saved,* trans. Raymond Rosenthal, New York: Vintage.

- 以下著作認同邪惡人格的性格定型論，並更進一步為其辯護：

Luke Russell (2014), *Evil: A Philosophical Investigation,* Oxford: Oxford University Press.

- 米爾格蘭（Milgram）對實驗的說明可見於以下著作：

Stanley Milgram (1974), *Obedience to Authority,* New York: Harper and Row.

- 陶勒斯（Doris）在他的著作中探討上述實驗的哲學意涵：

John Doris (2002), *Lack of Character: Personality and Moral Behaviour*, Cambridge: Cambridge University Press.

國家圖書館出版品預行編目(CIP)資料

邪惡：關於惡的本質與思辨 / 路克．羅素 (Luke Russell) 著；張簡守展譯．-- 初版．-- 新北市：日出出版：大雁出版基地發行，2023.12
面；14.8*20.9 公分
譯自：Evil : a very short introduction
ISBN 978-626-7382-26-4(平裝)

1.CST: 善惡

199.1 112018843

邪惡：關於惡的本質與思辨

Evil : A Very Short Introduction

作　　者 路克．羅素 Luke Russell
譯　　者 張簡守展
責任編輯 李明瑾
封面設計 萬勝安
內頁排版 陳佩君
發 行 人 蘇拾平
總 編 輯 蘇拾平
副總編輯 王辰元
資深主編 夏于翔
主　　編 李明瑾
行　　銷 廖倚萱
業　　務 王綬晨、邱紹溢、劉文雅
出　　版 日出出版
發　　行 大雁出版基地
地址：新北市新店區北新路三段 207-3 號 5 樓
電話：(02) 8913-1005　傳真：(02) 8913-1056
劃撥帳號：19983379 戶名：大雁文化事業股份有限公司
初版一刷 2023 年 12 月
定　　價 350 元

ISBN 978-626-7382-26-4